POWER錕是這樣煉成的

奮鬥才得自由，
殘酷才是青春，
我的人生思索

李錫錕——著

開場白——

面對Powerless，Power錕的人生回顧

胡適之先生鼓勵人人寫自傳，我猜他的本意是：從一個人的小環境，我們可以看到大時代。這一本書的目的就是希望以我有限的能力與知識，把個人的小環境和小故事與大時代結合，讓我們藉此去分析、了解大時代的本質，體驗大時代的力量，迎接大時代的挑戰。

這是一本我的自傳，一個世居首都——臺北地區的知識分子的自傳。我認爲：本書的意義不在凸顯個人的特性，而在強調並探索某些問題。在本書中，我將透過簡要的自白與對時勢的剖析，回顧那些人生關鍵時刻，如何影響我和一代人的生活和人生觀。

讀高中的時候，我誤打誤撞塡了政治系，一路從大學、研究所念到紐約大學博士班，最終踏入教職，做爲一個微不足道的小人物，成

長在一個歷史上少見的大環境，更幸而有機會實際參與某些關鍵性的政治活動。

民國七十八年，我受到徵召，代表國民黨競選臺北縣長（現新北市長），投票結果：我得到六十二萬二千二百四十八票，民進黨的尤清得到六十二萬六千三百三十三票，我以四千〇八十五票之差落選；被形容為「世紀大決戰」的臺北縣長選舉落幕，那是國民黨執政四十年來，首次輸掉臺北縣，臺北縣也是當時國民黨黨主席李登輝先生的故鄉。

「李錫錕何許人也？沒聽過！」

「聽說李錫錕一輩子住在美國，今年才回來參加選舉，標準的空降部隊！」

「聽說李錫錕準備用兩百億臺幣競選……」

「聽說李錫錕……」

當時全臺北縣到處是謠言、耳語，沒有證據指出誰在散播，殺傷力的程度也很難評估。不過現在回頭來看，我的失敗不但是一項選舉結果，更可以說是某種時代潮流的轉捩點，應該有深入探討的價值。

柏拉圖有句名言：「放棄參與政治的人，必須接受讓壞人統治的懲罰。」大部分人並不會把政治科學當作個人專業，但是不管從事任何專業，人都要有政治的常識，因爲終其一生，每個人都必須生活在人群之中，所有的地位、尊敬、愛戴，都是他人給你的。

偉大的科學家爲什麼偉大？因爲有人稱讚他、崇拜他，所以偉大。人生無法離開政治，就像亞里斯多德說：「人是政治的動物。」因爲人離不開政治，離不開他人的批評和愛戴，所以我們永遠爲此所苦、爲此所樂。

我個人任職臺灣大學教授四十年，教授政治系的政治學科，一路走來我無怨無悔，因爲沒有人干涉我，所以即使失敗，也沒有什麼好責怪的，一切都是按照自己的選擇，選臺北縣長，我輸了，感謝都來不及。

杜牧的〈阿房宮賦〉說：「嗚呼！滅六國者，六國也，非秦也。族秦者，秦也，非天下也……秦人不暇自哀，而後人哀之，後人哀之而不鑑之，亦使後人而復哀後人也。」歷史常常是重複演出的，人如果不能從中吸取教訓，極可能連重複歷史錯誤，後悔的機會都沒有。

自然法則指出：不經風雨摧殘的樹不會茁壯，不經痛苦打擊的人不會堅強。尤其是，不經下臺考驗的執政黨，它不會了解民意。一枝獨秀所造成的自滿招致鞠躬下臺的羞辱，而鞠躬下臺的反省，何嘗不是東山再起的契機？

美國尼克森總統在水門事件下臺，在告別白宮的演講中有段：「偉大不會從順境中產生，偉大只有在考驗、失望與哀傷中才會出現。沒有歷經谷底的痛苦，何能體會處在山頂的壯麗。永遠盡力而爲，千萬不要氣餒。」聽眾動容流淚。

從小看大，鑒往知來，這就是宇宙精神（university），也是今天大學教育的理念目標，所以「大學」至今仍稱爲university。

一言以蔽之，我們國家社會與個人所面臨的狀況，不能單從狹窄的、直接的、地區性的環境因素來觀察與分析，而必須以寬廣的、間接的、國際觀的生態變數來建立分析架構，及尋找問題的因果關係與解決途徑。

臺灣身爲國際社會中亞太地區的一個小島國，成就與困難都不算是空前絕後，因爲在別的年代、別的地區早就發生了。我們對自己的努力與智慧引以爲傲，並且堅持人定勝天的樂觀精神。但是，形勢比人強的氛圍與壓力，常使我們受辱而忍氣吞聲，例如國際組織的會籍或代表權問題、貿易談判，甚至在旅遊方面的護照問題等雞毛蒜皮的瑣事。

除非我們相當了解今天所處的大時代的本質與力量，不然，我們極可能「見樹不見林」，以致於在小環境（不論是國家或個人）中迷失自我；遇到危機則手忙腳亂、遇到順境則沾沾自喜；對自己的優點不知珍惜、對自己的缺失不知改進。

事實上，從政治哲學的角度思考，當下失敗或者成功的詮釋，並非絕對性的，而是相對的。一個小學生弄丟了果凍筆，當下可能就覺得是世界末日了，可是十年後來看，不過就是丟了一枝筆，以十年後的眼界來看，和弄丟iPhone比起來又算得了什麼。再過十年，和一部車比起來又算得了什麼。因爲長大了、進步了，所以昨日的挫折對你而言，也不過就如此。

如果自己能站在主控點上，不只被動的隨著他人起舞，沉溺於當下事件的苦樂，而能發現自己缺失，視爲進步的契機，進而鍛鍊自我意志，就能從事件中獲得力量。所以選擇要不要去做某件事的第一要件，是你想不想要，有沒有把握？如果想要，但沒有把握，也要掌握一個原則：Be yourself（做你自己）。如此，無論成敗，都是自己選擇，不用歸咎他人。輸了，很好。因爲終於能了解做自己的重要了。

人的生命像一條拉不斷的橡皮筋，非常有韌性，在面對挫敗時，要時時刻刻記得，千萬要抓住自己的主體性，再去面對客體，你就會發現，隨著自己Power的增長，你會對失敗產生不同的詮釋。每個人都該主導自己的命運，人生下來都是孤單的，死掉也是孤單的，但想要不孤單的活著，並不代表要被支配宰割。

要成長、想變強，本來就是累積犯錯的過程，所以人不怕做錯，怕的是停滯原地。走到了七十歲，我覺得自己現在還是一位老學生，只不過我先學了，告訴那些還沒學的。學習摸索不會是過去式，其實每個大人都是有點糊里糊塗的走到現在，只是不好意思講而已。每次「選擇」都是爲了累積「結果」，持續進步，總有一天會做對。不要等到七老八十，而是及早覺悟，在我看來，命運其實很公平，吃苦才有資格獲得Power，人活著就是要發揮最大的生命力，克服人生中障礙，成就愛的能量，這也是我對自己人生的期許，也希望給大家一點不同的思考。

目錄

歷史上的Powerless——戰南北不是一天造就的

二部曲

重拾Power的Q&A

首部曲

Power是怎麼造就的

一個人的故事看來微不足道，重點在於藉由「自身」去探索「大時代」。你我都是這個「大時代」的一部分。問題在於：我們僅是被動的「接受」命運，還是要盡一點心力去「改造」命運？

Power轉捩點——

真。三代自耕農的告白

在選舉結束後，曾有一位電視臺記者告訴我：國民黨某位省黨部主任委員提到我在縣長選舉的失敗原因，說：「李錫錕的背景太複雜，黨部太難輔選了！」我最初不太了解「複雜」之意爲何，以爲是什麼犯罪紀錄之類，後來才知道是因爲我的家庭結構太不尋常，容易引起「非議」，至少他認爲選民是因此而不「認同」我。

我對這個說法頗爲感慨，不過也不意外，無非是既得利益者的「階級心態」與「精緻文化」的必然結果。許多國民黨菁英都非常「在意」家庭背景，甚至有惡化爲門第偏見的趨勢。我在民國七十八年被國民黨提名爲縣長候選人，顯然讓許多黨內菁英深感「不以爲然」，其中原因之一，可能是我的背景令他們難以接受。

☼ 沒有人一開始就很厲害

按可考的家譜，我在臺灣的第一代祖先李文崇，他於一八五〇年左右離開福建省漳州府南靖縣赴首都北京派駐臺北。李文崇攜帶家眷與隨從數十人在臺北近郊，即今日的新北市永和區連城路附近購地建宅，並在宅前樹立武官旗杆，類似今天軍營司令部的將官旗幟。

李文崇的軍事生涯顯然不得意，他之後的子孫們均留在中和地區務農爲生，沒有任何「顯赫」的紀錄可載。到了我曾祖父李記，可能和家族失和或嫌人多擁擠，遷到了中和圓通寺附近的山坡築屋而居，以當佃農與燒製木炭爲業，是標準的「工農階級」。我的家族從此就在這間老屋世居了百年，仍以勞力維持生計。

小時候的中和地區是標準的農村社會，除了圓通寺風景區與一個交易的市集，其餘盡是稻田，田中村莊周圍均種植高大的刺竹以防風防盜，堪稱爲「小橋流水人家」。每日凌晨，雄雞啼叫之聲相聞，頗有世外桃源景象。以民國四十八年而言，中和地區的人口約兩萬人，如果與民國一〇六年的四十多萬人相比，當年的純樸可想而知。尤其我家因爲位居山坡，四周林木茂密、鳥獸成群，在當年算是十足的「草地」所在，不過從今天的環保觀點，我反而很幸運的成爲「草地郎」。

☼山中無老虎，猴子當大王

小時候我就讀附近唯一的國小——中和國小。兒時懵懂，每天的生活就是一直玩、也不太念書，居然也都考到第一名，因爲考第一名對我來說沒什麼難度，所以就繼續不念書。我是單親家庭，由祖母撫養長大。媽媽有時候會回來探望我，每次她回來，都看到我在玩，對我的未來非常擔憂。

她問我：「你怎麼都不用功念書？」

我回答：「我已經是第一名，難道還需要繼續念嗎？」

當時我媽講了一句話，讓我印象深刻。她說我這叫做土皇帝，如果在臺北市都會區的西門、龍山或大安國小，我就完蛋了。後來初中聯考，我很僥倖的吊車尾，考上建國中學國中部，在班上才發現處處臥虎藏龍，第一學期差點被當掉，不同學校的差別就在這裡。

人在封閉的環境中，容易養成標準不高、很容易感到快樂滿足的習性，就像是井底之蛙，有一朝走出井底，才發現世界之大，難以想像。

真愛的Power：你愛誰關別人屁事

我的家庭背景不僅稱不上顯赫，還有些複雜。早從我的曾祖父開始，由於未生育子女，乃抱同鄉蕭姓人家的女兒爲養女，就是我的祖母李杏。

李杏在二十歲左右經我的曾祖父母安排，招贅了土城鄉楊姓青年，就是我的祖父楊烏，他們婚後產下一子，就是我父親李萬生。祖父母的個性顯然不合，他們的婚姻不到兩年即告破裂，祖父離家出走，祖母則單獨撫養父親，以採茶、燒木炭爲業，即今天所謂的「單親家庭」。

在七、八十年前的傳統社會，寡母獨子的家計必然是艱苦的、感情上是寂寞的，祖母自不例外。由於工作關係，她認識了林姓青年阿根，兩人極爲投緣。不過問題是：阿根本身的遭遇與祖母不謀而合，他也是已婚之身，妻子是父母安排的童養媳，兩人因個性衝突而決裂，但沒有辦理離婚。

祖母與阿根可謂同病相憐且相見恨晚，阿根乾脆住到我家，正式扮演我祖父的角色。一個是已婚之夫、另一個是有夫之婦這樣的戀情，在當年可以說是極爲「前衛」，附近居民大驚小怪可想而知。

所以，我從很小的時候，就能感受到祖母的孤獨和哀傷。因爲擔心他人的非議，祖母在非必要時是不出門的，她的情感選擇不容於當時的人際網絡，心靈也缺乏社會支撐，那種孤獨到什麼程度呢？我記得我在念小學的時候，一般小學生放學是四點，可是通常她三點半就會到校門口來等我了。因爲除了我之外，她沒有左鄰右舍可以聊天走動，爲了這段感情所受到痛苦也可想而知。

一個人如果家庭和樂、幸福美滿，對他人的苦難，不免缺乏同理心。因爲祖母的緣故，我的感知力比他人強，也對感情有不同的體悟。沒有犧牲的感情，怎麼稱得上是眞愛。

祖母與阿根能夠勇敢的爲愛情向傳統的社會結構挑戰，今天的女權運動者必然視爲典範，但是在當年的保守風氣之下，他們引起的爭議與指摘可以想像。然而對他們而言，這樣的「革命之愛」是值得的。祖母與阿根一直相互爲伴，同居了五十年，直到祖母以七十五高齡去世。而後阿根以九十人瑞在我的懷中安詳而終，直到臨終，他仍然念念不忘祖母，認爲他們的結合，是他一生中最正確的選擇，其情至誠，令人唏噓。

從小到大，我一直受到這兩位婚姻的革命鬥士所影響，令我頗能體會人性中不可忽略的奮鬥潛能，這種潛能是不分性別與階級的，愛就要排除萬難、勇敢進行到底，這才是眞愛的Power，難怪共產黨常常要喊「向工農群眾學習革命」，小人物的勇氣才是創造歷史的力量呀！

自我強大才能擁有公平正義

就我而言，不僅我的祖父母與眾不同，我的父母也早早的離婚了，結婚才兩三年，父親就在外和別的女人同居另組家庭，母親外出工作，我由祖母一手帶大，在那個當時還被稱爲村的中和地區，稱得上是驚世駭俗，免不了要受一些指指點點，「那個李錫錕有兩個媽媽，兩個阿公耶！」

而在同儕間，因為我的成績很好，甚至還得到模範生獎牌，於是不平衡的人多了，一些言語霸凌也隨之而至。小時候我反擊的方法也很簡單，面對那些惡意的侮辱言詞，二話不說就直接打回去，後來甚至成群結黨的打群架。長期受到這些流言蜚語打擊，也讓我對公平正義有不同的想法。早早就醒悟面對不公平的待遇，自己得強大起來，才不會被人看輕，如果你選擇不反抗，別人也不會把你當一回事。

我還記得六年級的時候，一個下著毛毛雨的早晨，我和同班同學在操場唯一的水泥地上打躲避球，那裡原本是老師們打網球的地方，才正打得開心，結果別班老師帶著學生，哨子一吹，我們就被趕出場外了。

那時我覺得很不公平，明明是我們先占到位置，憑什麼老師不說一聲就趕人，於是我號召了班上的同學一人拿一把小石頭，我一喊一二三，就一起往老師身上丟，一時之間老師被滿天的石頭打得措手不及，當下就大聲喝止同學，膽子大的如我，馬上一溜煙的逃跑，但留下來的同學，馬上被一人一個耳光的懲罰了。

那時很天眞，逃跑後還大大方方回家，吃完了中飯才去學校，結果一到校門口，就看到校長和老師站在門口，我的班導師也在旁邊。全班同學鴉雀無聲。我被揪起來用學校課椅拆下來的板子痛打，打到一兩個星期都不能寫字。結局看起來很慘，可是在被打的時候，因爲當時暗戀的女同學爲我落下了淚，所以雖然身上痛得不得了，但心裡卻開心極了，有種當烈士犧牲的壯烈感。

今天科學家說公平正義是從人的基因演化累積的成果，也是自我保護的本能。對於國家而言也是，當你受到不公的待遇，就要有備戰的打算。退讓並不會贏得尊敬，勇於反抗，至少能贏得表達的權力。

Power錕的人生究極主張

關於·愛

人和動物的差別是人比動物更有愛，
要愛就要Love without doubt！
你愛誰關別人屁事？想愛就要排除萬難、勇敢去愛。
這才是真愛的Power！

歷史上的Powerless——

一個便當吃不飽，那就買兩個啊！

一般而言，國家的首都是權力的核心，各類既得利益者的大本營，可謂是菁英中的菁英的天堂。他們因爲物以類聚，惺惺相惜，日常生活是「行則連輿，止則接席」（曹丕形容三國時期首都洛陽菁英的生活盛況），不知不覺中「往來無白丁」，換言之，菁英分子遂脫離群眾了。古書上說的「朱門酒肉臭、路有凍死骨」的現象，往往以首都地區最爲嚴重。

脫離群眾並不是國民黨獨有的毛病，而是人類根深柢固的劣根性之一。孟子曰：「無敵國外患者，國恆亡。然後知生於憂患，而死於安樂也。」民主政治基於對人性劣根性的體諒，所以設計了「任期制」，尤其是權力較大的行政首長，任期通常不能太長，而且不得連任太多次。因爲任何人都可能被權力所腐化，即使不是他本人，誰能保證他的家人、親友不腐化呢？反過來說，「下臺」的壓力正是他免於腐化的保證！

富二代不可恥，可恥是靠爸又不努力

政治學理論指出：權力的掌握經過相當時間後，由於承平順利，掌權者逐漸趨向保守與自滿，於是產生一種壟斷權力的「階級心態」，對於同質性很高的統治菁英越來越「水乳交融」，權力變成世襲，對於低階層民眾越來越「格格不入」，對於高品質的生活方式也越來越「視爲當然」，於是「精緻文化」出現了：貧富差距拉大，白手起家困難，婚姻考慮家世，升遷顧慮背景，一種新興的封建社會隱約成形。

尤其在首都地區，「階級心態」與「精緻文化」更是越來越明顯。且看今天臺北市敦化南路的住宅區象徵的是一種階級，內湖地區則是另一種階級，如果在萬華地區又是不同的境界，「精緻」的空間是無限大的。顯赫的家世、高級的住宅、豪華的轎車、精美的飲食……這一切不但是實質上的成就，更重要的是心理上的滿足，換句話說就是一種炫耀的快感與勝利的喜悅。

問題是，「階級心態」與「精緻文化」到底只是少數既得利益者的「標準配備」，對大多數的非既得利益者而言，他們對這些「標準配備」的反應就值得注意了。首都地區的民眾資訊靈通、政治意識高漲，先天上容易對執政者不滿，因爲執政者難免與既得利益者畫上等號，一旦大多數的民眾對這個「標準配備」產生敵意，選舉便成爲他們表達敵意的有效管道。一般而言，有兩個狀況最可能造成他們的敵意：

首先是當既得利益者掌握權力的時間長久，「階級心態」與「精緻文化」已經相當定型，下層階級往上流動的管道受阻，使得貧民總統、布衣卿相的幻夢破碎時。

在這種僵化的社會結構中，多數被統治者覺得「翻身」無望，對於「現狀」不覺得有珍惜的必要，甚至覺得「變」也無所謂。例如最近幾年的選舉，高階層菁英動輒喊「政權保衛戰」、「只許成功不許失敗」的口號，多數民眾反而願意「換人做看看」，兩者的「認知差距」很大！

再者是當經濟不景氣、治安亮紅燈、環境受到汙染、交通壅塞、教育品質惡化、政商勾結舞弊……等問題出現，執政當局未能有效解決，引起多數民眾的不滿與怨恨；於是，現代社會民眾的投票行為越來越受到這些問題的影響，政治學者把這種現象稱為「議題政治」。

當這些問題越來越嚴重，或者民眾「覺得」越來越嚴重，相對的，他們會更怨恨既得利益者，因為他們「覺得」：有錢有勢的人基礎雄厚，比較不怕經濟衰退；有錢有勢的人有能力享受嚴密的保護，比較不受治安影響；有錢有勢的人不怕交通阻塞，因為他們乘坐司機開的豪華轎車；有錢有勢的人不在乎教育品質，因爲他們老早把子女送往國外就學；有錢有勢的人不在乎官商勾結，因爲他們本身就是受益者……這些「覺得」未必是事實，但是卻有「事實」的影響力。近年來民間一股反金權、反特權的情緒，基本上就是一種「議題政治」的現象。

現代社會日趨開化，在面臨「一人一票」的選舉競爭中，帶有「階級心態」與「精緻文化」色彩的候選人或政黨常常處於不利的態勢；反之，群眾色彩濃厚、以「求新救變」與「反金權、反特權」爲號召的候選人或政黨，常常能獲得選民的高度認同。

不過，其實這些看似能夠打破階級，帶來平等的口號，都是空的。階級一直都存在，只是換句話說而已。

例如：今天你去跟一個計程車司機說：「你是社會的最低層。」

他會回你：「林北不載你。」

但如果你再跟他說：「每個人都扮演不同的角色，你也同樣扮演著不可或缺的一角，將軍是上將，你也不錯啊，你是運將。」

司機想必就開心不少，事實上什麼都沒有改變，都只是話術而已。從選舉的觀點，過度「譁眾取寵」的候選人固然扭曲了民主精神，但是過度「完美」的候選人卻有落選之虞，因爲民眾覺得他「高不可攀」，何必還要爲他「錦上添花」呢？處於今日民主時代，當政治人物無法給年輕人向上提升的夢想，那就必須面臨被選票轟下臺的命運。

讓小孩有爸靠才是真Power

二〇一四年的臺北市長選舉結果可能也說明了「不完美的時代」對「完美」的排斥。國民黨的候選人連勝文堪稱是臺灣社會「標準」的「世家子弟」。

出生良好、學歷漂亮、坐擁嬌妻稚子，但此次選舉中，卻被外界定調為平民與權貴之戰。連勝文無法拋下自己出身權貴之家的包袱，反而是對手柯文哲平民出身、一路靠自己奮鬥的醫師背景，獲得支持者的認同，而連勝文父親連戰及郝柏村的選前發言，更引發民眾對他靠爸族的議論及不滿。

以臺灣社會而言，由於女性自主性提高，離婚率已經排名全世界第二（僅次於美國）：四十年前，每十二點五對新婚夫婦有一對分手收場，現在則是每五點三對，將有一對不歡而散；在大臺北地區，每十二名學童就有一名是單親家庭背景，可見「自由與開放」的精神可能早在臺灣流行已久。

事實上，國民黨的「創立者」孫中山先生不但是政治革命的領袖，更是婚姻革命的先鋒。其實社會上到處充斥著我家這麼「複雜」的家庭悲劇，那是傳統婚姻結構所產生的黑暗面，它壓抑了人性、扭曲了價值觀、造就了許多無辜的犧牲品，一切多麼無奈！尤其經過數十年來的人口流動，數百萬的民眾離開中南部到臺北地區討生活，背景「複雜」者不知道有多少。

有一點他們忽略了：當民眾擁有自由意志去喜歡或支持他們的領袖（不論是各行各業的領袖），他們所有肯定的對象必然是一種「象徵」或是一種「形象」，這種象徵或形象代表著民眾追求的夢想，而且是「覺得」可以追求得到的夢想。美國名作家柯爾達在他的名著《不朽的夢露》中有一段話：

瑪麗蓮·夢露代表民眾的夢，一種平凡人夢寐以求的象徵——性感、顯赫、名氣、金錢、快樂；她是一個活的證明，證明任何平凡人都可能得到這些東西……她是你隔壁鄰家的女孩，長大成為巨星。

夢露是性感巨星，但是被美國民眾愛戴的程度，遠超過其他性感明星，原因之一是夢露出身於孤兒院，家世寒微，反而更容易獲得一般人的認同。

國民黨近年來的選舉提名策略常常遭致民眾不滿，與這種貴族心態的「家庭價值觀」不無關係。

Power轉捩點——

五十年前進擊的覺青

民國四十八年九月，我通過聯考進入建國中學國中部，開拓了另一個視野，並逐漸感受臺灣社會的複雜性。當時的建中包括：初高中本部、中和分部、夜間部、補校，合計學生達七、八千名，校長賀翊新為北京大學畢業生，自由思想濃厚，所以那時期的建中有「小北大」之稱。

☼反抗是對自己的生命負責

當時的教員極大多數為大陸籍的知識分子，據說背景「極為複雜」。例如我一位國文老師高先生，北京大學中文系畢業，曾因「國家安全」理由在綠島拘留數年。不知道他是由衷被「感化」，還是有意諷刺，每次上課若唸到「蔣總統」字眼，他會聲色俱厲的要求我們在座位上瞬間抬頭挺胸以示尊敬。

同學們深感不滿，但又不敢違抗，只好上半身遵命抬頭挺胸，下半身以雙腳猛踢地板抗議，一時木造樓板之咚咚之聲不絕，灰塵滿場飛揚，但高先生仍然堅持要求，反倒成為我們的娛樂

另一位鞏先生更妙，上課第一天就開罵：「莫名其妙！為什麼國文課本第一篇文章一定是孫中山、蔣中正寫的？難道官大學問大？」在當年的保守氣氛中，算是相當大膽的了。

民國五十一年九月，我再度考上建國中學高中部，直到民國五十四年畢業，在建中共計讀了六年。對我們當時而言，這六年稱得上平淡無奇；但對整個社會國家而言，國際政治環境卻已經發生「結構性」的變化，我們有點隱約的感受，但談不上了解。

打架是國家必須且應有的健康心態

記得當從報上得知：蘇聯發射人類第一枚人造衛星、中共與蘇聯正式決裂、古巴革命、美國陷入越戰、中共試爆核子彈、美國總統甘迺迪被刺殺……等，由於沒有電視，報紙的圖片又欠清晰，我們就跑到建中隔壁的美國新聞處查看國外的報章雜誌。不過一則受限於外文能力，二則也不夠用功，我們並沒有了解到：這些國際大事已經嚴重衝擊了中華民國的國家地位，改變了臺灣的政治發展。

建中被認爲是全省最佳學府之一，同學們自然不遲鈍。儘管在戒嚴之下，民間並無反對聲音，校園內也沉寂如常，我們也「覺察」到某些變化。

第一是民國五十二年的臺北市長選舉，黨外高玉樹先生擊敗國民黨候選人周百鍊先生。此役中，國民黨動員了首都地區文武百官全力輔選，而高玉樹僅憑他在市區內有限的人脈全力經營，表面形勢對國民黨有利，選舉結果卻令人跌破眼鏡。

我們這些中學生對選舉本來漠不關心，但是某一次週會上賀校長突然宣布說：有一位「傑出」的建中校友蒞校演講，要我們注意聽，後來才知道是市長候選人來了。

周先生是一位面貌平板、略顯老態的中年紳士，我們本來相當好奇，等到他開口演講，我們頓覺失望透頂。他的聲調與內容只能以「無聊乏味」形容，不到十分鐘，臺下早已鬧哄成一片，我只記得他最後一句是「拜託！拜託！」，事後校長還訓斥我們「沒有禮貌」。事實上，建中學生一向調皮，任何不夠精采的演講，都讓同學們不耐，甚至乾脆在臺下聊天。周百鍊的演講稱得上是超級爛，場面難免大亂。

十餘天後，高玉樹當選臺北市長。據說，這一場選戰把國民黨嚇壞了，是後來將臺北市改制為院轄市的決策關鍵所在——以「避開」市長選舉。究竟是否如此不得而知，較可以肯定的是，政府領導人開始了解首都民眾不易統治，有形的組織力量未必能夠支配無形的民心向背。六年後，臺北市「升格」爲院轄市，政府任命高玉樹爲首任官派市長。

第二是民國五十三年中共在新疆核子試爆成功，不但全世界爲之震驚，當時建中學生的反應更是複雜有趣。一方面，那是一種發諸下意識的民族情緒，更是一種「中國人抬頭了」的驕傲。記得核爆新聞當天有自習課，全班同學熱哄哄的高談闊論，各類觀點百花齊放，但是少有譴責中共「窮兵黷武」者，反而對毛澤東「寧要核子不要褲子」的狂言極表讚賞。一時，大家似乎忘了「反攻大陸消滅共匪」的基本政策，爲敵人的成就「慶賀」，算哪門子反共？

另一方面的反應是：同學對政府反共宣傳的可信度感到有點狐疑。前一年的臺北市長選舉，國民黨把高玉樹罵得狗血淋頭，高玉樹卻打敗周百鍊，意味著國民黨的宣傳令人懷疑。如今一向被政府詆謗爲落後無能的中共卻有能力試爆核子彈，豈不同是兩相矛盾？更嚴重的是，中共此舉令人聯想到強大的軍事武力，那麼政府信誓旦旦「反攻大陸」的可能性豈不是有問題？建中就是建中，同學們表面上似乎很乖，其實到處充斥著這類質疑的耳語，令我印象深刻。

大學教什麼？教你為成自由人

民國五十四年，我很幸運以高分考取臺大政治系，躋身「大學生」之列。其實在建中畢業後，我一度準備報考空軍官校，那時一心想當飛行員，結果二月初要考試時，從小撫養我長大的祖母卻突然心臟病發，頓時我必須面臨痛苦的選擇，是否要遵照祖母的心願，放棄當個飛行員。

早在念建國中學國中部的時候，我就想去報考空軍幼年學校了，可是當時家裡人不同意我去考軍校，因爲才十五、六歲、還未成年，如果沒有家長同意蓋章，學校也不能收。好不容易等到高中畢業，結果考上空軍官校也不能去念，讓我很不能接受。

爲了當個飛行員，我準備了很久，不論是術科還是學科，還有體能訓練，爲了視力著想，我讀書也不敢在太暗的地方讀，每天抽出時間讓自己注意多看藍天白雲，務求不要近視。但是爲了祖母的病，我還是毅然決然的做了這個選擇，依從祖母的心願去念臺大，我的祖母在病發後的第二年就過世了。

對於這個改變人生的決定，我並不後悔，因爲假設當時我眞的爲了追求自己夢想念了空軍官校，無法見到祖母最後一面，讓她每天都爲此傷心，我一定會終生懊悔，而進入臺大政治系後，我的人生也開始眞正和政治產生關係。

在東方社會，大學生不但是一種身分，更是一個文化上的符碼，代表知識、責任與權力。其次，大學生一詞更充滿著某種浪漫的氣氛，是文學作品中不可或缺的主角。

記得日本文豪夏目漱石的小說中曾提到，一位明治維新後的大學畢業生「失業」回鄉，不知情的鄉人聞訊後列隊歡迎，很恭敬的詢問：「何時置產？」令大學生無地自容。

因爲傳統社會對大學生有過度的期許，這代表著正負兩面的意義：正面意義是，大學生容易懷有「先天下之憂而憂」的節操，使他對國家社會關心，並養成「見義勇爲」的責任感。負面的影響是，可能因爲過度熱情而欠缺冷靜，更可能因過度關懷國家社會而不克鑽研專業知識，成爲「不務正業」的大學生，並且間接傷害了理性的判斷能力。

比起現在大學生的務實取向（例如對輔系、雙學位、研究所等安排），我們六〇年代的大學生顯然較爲「騰雲駕霧」，多數對於畢業後的出路問題不十分關心，反而對於文星書店出版的「思想論戰」系列叢書具有高度興趣。

美國名政治學者阿普特認爲國家發展到一個程度時——政治已經相當自由、經濟相當繁榮、社會相當公平時，其意識形態會慢慢衰退，乃至於結束。換句話說，民眾將越來越理性與實際，只關心與他們利益直接有關的事務，對於較抽象的目標或理想反而較不感興趣。

若以阿普特的觀點來看一九六〇年代以後的校園，尤其是臺大校園，政治意識形態不但沒有衰退，反而方興未艾，一直持續爬升到七〇年代的保釣運動與八〇年代的校園民主浪潮。

臺大被認爲是自由主義的重鎮，其實只是一種模糊的「自認形象」，或許說是一種「下意識」，先有了環境因素的刺激下才會爆發出來。實際上，我們很少人能夠了解何謂「自由主義」或「自由派」。

唯一較清楚的是，當時臺大學生都是憑著刻苦用功通過公平的聯考錄取的，不是靠家世背景的關說，所以公平、正義感特別強烈，見到他們認爲是不公平的現象，反應也特別敏銳。

大學是塑造一個人成長的重要過程，要讓自己成熟，對人跟人的關係更有邏輯的互動，必須透過通識教育，培養出所謂的政治人格，一個大學畢業生該具備的，不只要有專業知識的入門，還要對人和人的互動有所體認，先進國家的通識課程占總體課程的一半，顯示大學是在幫助你認識自己、學會怎麼跟人群來往，大學博雅教育便是爲了塑造一個人的思考邏輯，透過訓練學生如何表達自身的想法、與人交流，進而養成獨立思考的能力。

在我看來，大學教育一直以來都是爲了培養菁英分子而存在，這裡所謂的菁英並不是靠操弄知識去剝削他人，而是願意爲了保護大眾而流血流汗。當你足以領導自己時，更應該挺身出來領導眾人，身爲臺灣最高學府的臺大學生自然也不例外。

提升生命力的教育才有價值

記得民國一〇三年三月十八日，因爲立法委員張慶忠以三十秒時間宣布完成《海峽兩岸服務貿易協議》的委員會審查，引發一群大學與研究所學生，以及社會人士的反對，學生們在群情激動之下占領了立法院議場，在二十六個小時內便有以學生爲主的一萬多名民眾，聚集在立法院外表達支持，後來被稱爲「太陽花學運」，這場學運引起社會各界相當大的關注。

有一天我在臺大下課後搭計程車回家，司機對我抱怨：「爲何臺大學生最喜歡鬧事？是你們教的嗎？」我委婉的解釋說：「如果臺灣社會是『天氣』，臺大學生就像敏感的『溫度計』；天氣熱了，溫度的水銀上升，你去責備溫度計，好像不公平呀！」司機先生了解但不同意我的解釋，對臺大似乎誤解很深。

事實上，不僅是臺大，而是整體的校園都應該被視爲一種政治的溫度計，可以用來測量國家社會的穩定與發展的狀況。換句話說，當校園內的教師與學生受到某種「干擾」，如：政治壓力、經濟危機或社會動亂等因素，使他們無法安心教書或學習，於是他們開始以直接或間接的方式「表達」他們的關心與期盼，因而產生許多「課外活動」，如：辯論、論述、座談、甚至參與社會運動或選舉……只要這種「表達」的狀況出現，不論是程度上的深淺，我們都可以說，政治意識形態侵入校園了。

古代的春秋戰國與漢朝時期，「儒生」或「太學生」的政治「表達」活動，一直是朝廷的頭痛問題，尤其是多次的黨爭，更曾震撼中央政府的權力結構。直到近代的五四運動，更被視爲中國政治發展的分水嶺，其發源地也是在——北大校園。

可見，當政治意識形態侵入校園，它意味的是國家社會結構的可能變化。

直到民國一〇六年爲止，總計我在臺大的歲月，從當學生，到後來當上了教授，幾乎待了五十年。累積五十年之經驗，我認爲基本上臺大學生與其他大學生並無差別，絕大多數都是爲將來更好的生活（找更好的職業）而努力求學，很少人是衝著「意識形態」而進入大學的。因而，當越來越多的大學生介入校園的意識形態活動，對理性的學術探討缺乏興趣（也往往同時乏味），轉而熱中於情緒性與政治性的人際互動時，我們不禁要說，我們的國家社會已經出現不小的問題了。

Power錕的人生究極主張

關於・教育

教育是作為人的根本，
讀書有沒有用？是要看你讀什麼書來決定。
吃的東西決定你健康與否；
精神食糧決定你的信仰堅強與否。

Power轉捩點——

出生在二二八後的我

我生於「二二八事件」之後的兩個月，當時的臺北市可以說兼具「國際化」與「中國式」的。都市英美加拿大各國傳教士、洋行，以及上海、廈門、廣州等地來的貿易商，尤其是福建來的「專業人才」——理髮師、廚師、地理師、算命師、雜貨商等中國人充斥在現在的萬華與延平北路一帶。

我的名字「錫錕」之所以和一般本省人常用的富貴金木水火土等字眼不同，就是一位福建上杭來的游子芳大師所取。

※容忍不代表支持，在一起不代表合而為一

民國三十八年後，約有兩百餘萬大陸籍同胞來臺，絕大多數是軍公教人員與其家屬，他們選擇居住的地方自然以接近政府機關所在地爲便。由於總統府、國防部、以及其他主要中央機關都在臺北東南區，鄰近的中和、永和、新店等地自然成爲他們的住所。

就我個人的成長經驗，當時中永和地區倒看不出省籍衝突的現象，比較可惜的是，政府因爲提供集中式的宿舍讓這些大陸籍公務員居住，使他們較無機會「全面」和本省人互動，反而只能「表面和睦」未能「實際融合」（如通婚或方言交流）。

記得我在小學時期的玩伴與好友就不分省籍。外省同學到我家玩，因爲家中老人家無法記住他們的名字，乾脆冠以「湖北仔」「山東仔」「蒙古仔」等綽號，戲謔而親切。還記得附近人家一位地主的女兒「招贅」了一位福建籍憲兵士官，婚禮可謂轟動一時，絕大多數

鄉民的態度是：好奇不解者有之，但是沒有仇視者。

「二二八事件」的後遺症如同世界各國許多城市的族群暴動一樣，也是不可避免的。本省人是否對外省人有「情結」？答案可能不是絕對的有或無，重要的是需要深入的探討與面對許多「變數」，在「情緒」與「情結」之間尋求平衡點。

在建國中學高中畢業之前，我的生活是「學校講國語、校外講臺語」，幾乎沒有「省籍差異」的感覺。直到進入臺大，同學們來自全省各地，我開始覺得有兩個現象很奇怪：一是中南部來的同學很少用國語交談，並且他們的臺語腔調和北部同學顯著不同；二是同學之間不但有各類志同道合的小團體，且似乎劃分為「本省」與「外省」兩大族群。儘管如此，我不認為當時存有「南部VS.北部」或「本省VS.外省」的嚴重隔閡，只不過是生活習慣或生長背景導致他們自然而然的「聚集」而已。

Power錕的人生究極主張

關於・人生

活著本來就很辛苦，有什麼事不辛苦？
No Pain No Gain，沒有磨練的人生，
就是沒出息的人生。
人不只擁抱痛苦還要享受痛苦，
吃得了苦才能變超人。

歷史上的Powerless——

戰南北不是一天造就的

其實，人類社會到處充滿了偏見與歧視，臺灣似乎也無法例外。歷史事實顯示：「橫向的差異」如語言、種族、生活方式等固然比較明顯，也比較容易溝通與協調；「縱向的差異」如貧富、階級、強弱等，反而才是嚴重的衝突根源。

客觀的說，臺灣社會結構基本上是和諧的；在橫向的差異上，因爲主要的人種、語言、生活方式都是「漢人」，少數民族的待遇雖然無法令人滿意，但也沒有遭受像歐洲歷史上猶太人的厄運。在縱向的差異上，臺灣本身就是移民社會，根本沒有固定的階級制度或觀念，雖然上下階層的差距或衝突固所難免，成功的機會卻是均等的。

這點，從百年前加拿大籍牧師馬偕博士所創的長老教會能夠深入臺灣社會基層，與各地的廟、寺、宮、院所供奉的各類神祇「和平相處」可以發現。又因爲，臺北地區一向是各地商人的貿易重鎭，文化也隨之交流頻繁，在在顯示臺北人早已習慣於「多元化的文化」，並且有能力異中求同，相互適應，「省籍情結」的現象似乎是不明顯的。

民主的第一步是「恨」，隨時吵架才健康

在傳統社會，人與人之間缺乏統一性的媒介（如今日的電視、網路）相互溝通，自然產生在地緣條件、生活習慣上的「地區性差異」，在人生觀或政治態度方面顯示出來，例如沿海的居民比較開放，山區的居民比較保守；美國南方人嘲笑北方人是「洋基佬」，中國四川人嘲笑江蘇人是「下江人」。

「地區性差異」是一種「感覺」或「情緒」，還不能算是「情

結」。情結已經是一種精神上的病態或執著，是一種「誇大的」恐懼、喜好或厭惡，例如某人仇視父親，於是連帶仇視一切與父親有關的事物或象徵。由此定義看來，以「情結」來描述臺灣人與外省人的差異，是一種政治策略。

但是，不能忽略一點：「情結」並不是從天而降、突如其來的執著，而是「感覺」或「情緒」經過長期累積而「惡化」的結果。例如希特勒的納粹情結經過十餘年的反猶太政策，讓許多猶太人慢慢累積反納粹的情緒，終而惡化爲反納粹情結。

「省籍情結」在某一個程度上已經成爲一九八〇年代以後的「現實」，這個現實可以說是一九四〇年代以來，臺灣特殊政治經濟發展過程「演變」的結果，而不是臺灣傳統社會「根本」存在的現象。我試從兩方面來探討這個演變過程，看看是否能夠了解所謂「省籍情結」的迷思。

首先，從「二二八事件」說起。

事實上，「二二八事件」是相當典型的民眾「反抗政府腐化的暴動」，明顯反映當時國民政府行政官員貪汙無能的形象。一旦事過境遷，政府應有足夠時間與空間可以彌補並化解「二二八事件」所引起的任何心結。

可惜的是，有許多內在與外在的因素使執政菁英未能及時化解「地區性差異」，甚至無力阻止它惡化爲某種程度的心理障礙，實在值得檢討。我認爲其中較重要的因素有二：

首先是國際因素。由於「二二八事件」不久之後，韓戰爆發，美國政府開始協防臺灣，中華民國一躍成爲自由世界的「反共前哨」，軍事外交地位優越，政府菁英難免覺得「安啦」，而忽略了省籍差異問題。同時，美國國內更因爲「麥卡錫」事件使美國人的反共情緒達到頂峰，中華民國因爲是「共產主義的受害者」而受到極大的同情與支持。不久之後，中共人民公社經濟改革運動崩潰；中共與蘇聯正式決裂，莫斯科甚至有意以核子武器攻擊中國；越南戰爭規模擴大，形同美國與共黨集團的角力場；整體國際局勢很容易讓政府當局相信：中華民國不但可以安心立足臺灣，甚至有「可能」反攻大陸。在這種前提之下，執政的大陸籍菁英自然不會重視省籍差異這類問題。

從光復到一九六〇年代，臺灣居民識字率已達百分之八十五，能說國語的本省籍居民也超過百分之六十；而且共同文字是漢字，生活習俗相同，宗教信仰能夠相互容忍；從任何角度看，民眾相互溝通毫無問題，政府政令的推展不受阻礙。若無外力影響，絕大多數外省籍居民沒有意願特別學習臺語，絕大多數本省居民也沒有需要學習客家語，除了少數文教地區國語較爲普遍，一般本省籍居民均以臺語（或客語）爲日常生活溝通工具。

由於執政黨與中央政府大多由外省籍菁英主控，中央政府的力量強大，反攻大陸的前景若隱若現，許多外省子弟很自然的「志在中央」，沒有企圖去學習臺語，更不會去「經營基層」。

另一方面，地方性選舉的候選人幾乎清一色是本省籍，其主要原因有二：一是外省籍子弟沒有興趣；二是候選人如果不能使用當地語言溝通，當選的機會不大。近年來，由於選舉的層面已經從地方性擴大至全國性，許多外省籍政治人物（尤其是新生代）也開始勤練臺語或客語。

至少到一九六〇年代末期之前，我不認爲臺灣民眾有所謂的「省籍情結」，但是「差異」確實存在，政府也沒有刻意去化解這類差異。可以說，本省籍居民與外省籍居民「和睦相處」，但未能「打成一片」。未能「打成一片」的原因諸如：在社會上，外省籍民眾「很自然的」沒有學臺語（或客語）；在學校，外省籍達官貴人的子弟「很自然的」沒有與本省籍同學交朋友，尤其絕大多數本省籍同學的國語發音又不易標準（已故廣播界名人李季準是少數例外）。

以前在臺大讀書時，班上便有一位外省籍女同學，父親是高級公務員，操一口流利的「北京國語」，她甚至公開擺明「三不嫁」——不嫁本省人、不嫁僑生、不嫁非理工系畢業生。同學們問她爲何不嫁本省人，她說：「憑他們的一口爛國語，土死了，沒面子。」其傲慢可想而知。

恨是平民的Power

再來，得從一九六〇年代以後的臺灣政治經濟結構的轉變談起。

「國者人之積，人者心之器」，「心」就是民心，民心的向背可以測試政治制度與意識形態的有效性，也可以支配國家社會的安定與發展。

臺灣民眾的「心」從一九六〇年代以後，開始發生變化。

由於受到國際政治（主要是越戰）的影響，臺灣的社會經濟結構急速轉型，不但造成了人口的流動，更刺激了民心的覺醒。所謂「覺醒」包括兩方面：一方面，民眾不但了解而且採取行動去追求「自我利益」；另一方面，民眾不以「自我利益」爲滿足，還進一步去尋求「自我認同」。換言之，「我有什麼」以外，還要「我是什麼」。也就是在這種心理狀態下，所謂的「省籍情結」逐漸浮現。

「省籍差異」在臺灣社會眞正發酵，始於一九六〇年代末期，甚至在某些場合升格爲「衝突」，且被定型爲「情結」，應該是在一九七〇年代末期，反對黨運動有極大的影響作用。許多西方學者認爲，經濟發展的結果是必然的民主政治，而貨眞價實的民主政治必然包含一個（或多個）有力量的反對黨，以便有效監督執政黨。不可否認，事實上，這正是中華民國在臺灣地區的政治發展模式。

臺灣光復初期的反對勢力並不明顯，唯一較活躍的是政府推行三七五減租政策的「既得利益受害者」，即傳統農業經濟的大地主階級。日治時代，大地主的利益一向受到日本政府的保護，「回歸祖國」後反而被剝奪，他們轉而倡導臺灣獨立。由於大地主人數不多，廣大的群眾未必同情他們，他們只好流亡到日本，在海外建立類似流亡政府的組織，實際上並未發生政治影響力。

一九六〇年代亞、非、拉丁美洲等「前殖民地」國家的民族主義運動（即獨立運動）如火如荼展開，不但替臺灣的反對勢力找到了「理論依據」，更重要的是爲臺灣的反對勢力提供了「生存空間」。隨著越戰的刺激與工業化發展，一九六〇年代以後，臺灣民眾的國民所得飛躍成長，物質生活條件改善，進步的速度可能居亞洲各國之冠，與南韓、香港、新加坡共同被譽爲「亞洲四小龍」。

經濟發展刺激了民眾「升高的期盼」，他們飽暖之餘思尊嚴，對政府越來越有所期待，對統治者越來越勇於發聲。社會越進步，民心越不滿，此一現象成爲這一時期「開發中國家」的特徵之一。

一九七〇年代以後，臺灣社會越來越富裕，民眾的意識越來越覺醒，對國家大事的認知能力越來越強。尤其是透過頻繁的商務、觀光、留學等途徑與先進國家交流，更能夠從比較分析中了解臺灣的地位與前途。

一股求新求變的大眾情緒在急速擴散，反對現狀的政治勢力逐漸成型。這股反對勢力不再是由脫離群眾的地主階級主控，而是由結合群眾的知識分子領導，不但有效累積了國內民眾的同情與支持，也引起了國際社會的重視。例如當時《自由中國》雜誌的雷震、《文星》雜誌的李敖、臺大哲學系教授殷海光、臺大政治系教授彭明敏等人，均屬於帶動「求新求變」的理念與風氣的先鋒人物。

但是知識分子的影響力是無形的、間接的，只能成爲一般民眾思維的參考，還不能成爲他們行動的依據。對一般民眾而言，必須是某些具體事件發生，足以威脅他們的日常生活時，才可能因此「揭竿而起」。一九六〇年代的臺灣社會開始有了反對政府運動的「空間」，反對分子也找到相當的「理論」，所缺的就是某些重大事件的「引爆」，以刺激一般民眾的參與。

一九七一年十月，第一個驚人的引爆點出現了。中華民國被迫退出聯合國，中華人民共和國正式取而代之，成爲安全理事會常任理事國。中共不但成爲實至名歸的超級強國，更重要的是，臺灣如果企圖再進入聯合國，勢必遭到中共的「否決」，再進入的機會實際上是零，中華民國一夕之間成爲國際孤兒。

次年，一九七二年二月，美國總統尼克森訪問中國大陸，美國與中國將近三十年的敵對關係終於解凍。雙方簽定「上海公報」，承認「臺灣」是「中國」的一部分，爲雙方建立正式外交關係奠定初步基礎。對臺灣的民眾而言，美國政府這項行動的意義是：美國朋友背棄我們了。儘管當時蔣介石總統呼籲國人要「莊敬自強、處變不驚」，許多有錢有勢的人開始有計畫的暗中移民脫產，黑市美元對臺幣的兌換率高達一比四十六。

雪上加霜的是，一九七三年十一月中東戰爭爆發，阿拉伯國家聯合抵制原油輸出，全球陷入大規模的能源危機。臺灣地區能源有百分之八十五仰賴進口原油，整個經濟結構遭受重大打擊。

接著是一連串的重大事件，無一不深深打擊民眾的安全感：一九七五年四月，蔣介石總統逝世；五月初，西貢淪陷，北越共黨政府統一越南，美國在中南半島的軍力全部撤退。

一九七七年底，「中壢事件」爆發，數千民眾抗議國民黨選舉舞弊。非國民黨的許信良當選桃園縣長，國民黨及政府的公信力與民意支持度均遭受嚴重質疑，經此事件後，反對勢力聲勢大漲。

一九七八年，蔣經國先生正式當選為中華民國總統。由於「接班」問題早經布署，一般民眾「視為當然」的接受國民黨在臺灣的第二代政權。對經國先生而言，他所面對的臺灣民眾，和他父親介石先生所面對的，已經大大不同了。

蔣介石總統在國際上雖然「堅守民主陣營」，但在國內則是一個神祕的、不與民眾接觸的「帝王式總統」。到底有多少尋常民眾（本省、外省籍）曾經和蔣介石總統「握手寒暄」？答案可能是「個位」數字。相反的，經國先生幾乎把所有辦公室以外的時間從事於群眾活動，數目可觀的民眾甚至和經國先生建立私誼關係，國際政壇把他歸類爲「民粹型領袖」，意思是他政治作風是傾向於「群眾性」的。

我們有理由相信，經國先生的親民作風對於「後蔣介石」時代臺灣政治的穩定具有相當的幫助，也延續了國民黨執政的壽命。蔣介石時代的絕大多數民眾是沉默的、膽怯的，甚至是無知的；反之，經國先生掌權的一九七〇年代，民眾的政治意識已經相當覺醒，將總統當成皇帝一樣喊「萬歲」的愚行早已成爲過去。經國先生雖然勤政愛民、深入群眾，他無法改變的現實是：臺灣在一連串打擊之餘，執政的國民黨的威信難免嚴重受損，民眾對於開始覺得「反對勢力」是有「可能」成功的，至少不再「驚奇」了。

對「省籍」這個敏感問題，一九七九年是一個最重要的轉捩點。

這一年底，華盛頓與北京建立正式外交關係，美國承認「中華人民共和國」爲中國「唯一」的合法政府，臺灣是中國的一部分。此舉不但使「中華民國」一夕之間喪失國際重要性，更嚴重的訊息是：北京一旦要對臺灣動用武力，華盛頓方面依國際法只能「關切」而無權「干涉」。

儘管美國政府以各種形式的承諾保證臺灣的安全，海峽兩岸也沒有因爲外交形勢的變化而緊張，但是對臺灣的民眾而言，「被出賣」的感傷重於「世界末日」的恐懼。或許是政府一向太高估「中美友誼」，搞不清楚「外交」或「交朋友」的差異，或許是第七艦隊長期協防而使臺灣依賴慣了，總之，一九七九年的臺灣，不論是政府或民眾，許多反應確實很情緒化，和「莊敬自強、處變不驚」的精神背道而馳。

※想要活下去只有一條路，就是變得更強！

不過中美斷交也有不可忽視的效應：一種「一切靠自己」的自尊心終於建立了。臺灣民眾似乎覺悟到：自己的命運唯有靠自己奮鬥，何必仰賴外國人的保護和同情！

這種「覺醒」促使許多臺灣民眾產生一種心理需求，即是社會心理學上所稱的「靈魂的探索」，意即去尋找並肯定「我是誰？我從哪裡來？我要往何處去？」等等心靈上的疑惑。

從一九六〇年代到一九七〇年代，臺灣地區的經濟發展急速起飛，中華民國的國際地位卻急速下降。少數人乾脆移民國外，其他人只好留下來面對現在和未來。在這種環境下，「本土意識」迅速滋長，為反對勢力提供了絕佳的「議題」。反對勢力透過雜誌、小說等媒體的宣傳，選舉時更是大聲疾呼，不但把「本土意識」議題炒熱，連帶也激化了「省籍差異」的情緒，使很多人困惑：「省籍情結」是否存在？不可否認的，這類議題是不可能消失的。

Power轉捩點——

嬉皮反戰，我的政治啓蒙時代

一九九四年有一件大家可能忽略的「大事」是，美國影星（奧斯卡最佳男主角）湯姆．漢克主演的《阿甘正傳》在國際影壇造成轟動，幾乎壓過《侏羅紀公園》，在臺北上演的盛況也是空前。

《阿甘正傳》的主題很清楚：平凡的老實人也可以出人頭地。它的背景是：一九六〇年代，它所刺激的情緒效應讓許多戰後「嬰兒潮」年代（一九四〇年代，即民國三十年代末期）的民眾有一份強烈的「根」的感受。這個年代出生的民眾，也就是和我同年代的人，即使面臨退休的浪潮，他們直到現在仍然在國際社會上占有一席之地。

爲何有「根」的感受？因爲一九六〇年代世界局勢的變化可以說是革命性的、空前絕後的。它也許沒有像戰爭般激烈的改變人類社會的「外貌」，但它卻在本質上改變了人類的「內心」。

也可以說，不僅中國大陸在一九六○年代有翻天覆地的「文化大革命」產生，在非共黨世界也有一個類似的文化大革命在進行中：這是一波群眾覺醒、階級翻身的思想革命。一言以蔽之，它是一場平凡小人物力爭上游的奮鬥年代，也因此有了一九六○年及七○年代的巨變。

☼能力越強，責任越大

一九七三年九月，我這個畢生從未出過遠門的土包子，終於到了世界第一大都市紐約，進入紐約大學政治研究所博士班，開始我的四年留學生涯。一九七三年也可以說是美國世界霸權「垮臺」的關鍵年之一。

當時美國因爲越戰失利，國內各種反戰示威浪潮不止，我是九月到紐約大學，聽說六月的時候，反戰示威的學生占領了校長室一週，學生在裡頭埋鍋造飯，癱瘓學校運作，整體社會氣氛是動盪不安的。

大學畢業後，我之所以會選擇到美國留學念研究所，其實並不只是爲了習得一技之長，要知道當時敦化南路公寓一坪價値六萬元，到美國一趟來的回機票就要五萬六千元，要出國念書，家裡人得要有賣房子的決心，才有錢可以送小孩出國念書。

對我而言，更令我好奇的是美國如何成爲世界的第一強權，很幸運的，當時也遇到了一些優秀的老師，他們開啓我對於政治權力的中心思考，其中環繞著我終其一生對政治權力的定義：Suffer（受苦）——Struggle（鬥爭）——Superiority（追求優越），也在此奠基。

美國的菁英分子自華盛頓建國以來，其實吃了很多苦，在越戰時期，舉國都是反戰的浪潮，可是菁英分子，如同哈佛大學的學生、美國西點軍校的學生，這些被培育作爲領導者的人，他們從不抱怨犧牲，當你能以天下爲己有，才能爲天下爲己任。

大學的存在是爲了培養能捨己爲人、有大愛、有熱情的菁英分子。在我看來，牛津、劍橋、哈佛這些歷史悠久的世界頂尖大學，最了不起的地方就是在製造英雄，他們要求學生不只是會念書的書呆子，也是擁有強健體魄的勇者，在二次大戰前，奧運的金牌得主有一半都是這些大學的學生。

以美國爲例，美國軍人的最高榮譽便是拿到國會勳章，得到勳章的前三名是陸海空三軍的軍人。很少人知道，美國哈佛大學校友因爲戰功而拿到的國會勳章數量竟然高居第四名，僅次於職業軍人。

這也是爲何哈佛大學被認爲是最好的大學，就是因爲它的犧牲最多，愛國心最強。學生被教育要犧牲奉獻，不是爲了親人，而是爲了國家社會；不是只愛自己，還要有大愛。也唯有擁有熱情跟憤怒的民眾，才會產生勇敢與魄力兼具的國家和領袖。

如果大學教育的目的是培養菁英分子的話，那就應該是越往上層的人，愛就越擴大，所以眞正的菁英分子是擁有大愛的人。今天我們對領袖有很多誤解，以爲他們人人稱讚、被愛戴、收入又高，擁有許多特權。這是不對的，因爲當社會給予領袖必要的方便和尊重，另一個嚴厲的要求就是你要有奉獻、要付出代價。我在美國這些年也觀察到，這是西方強權的隱形階級，不是來自階級世襲的社會結構，而是由心志堅強的菁英分子組成的領導階級，和一般只爲個人生存奮鬥的平凡人中間是存在落差的。

沒有椎心刺骨的恨，怎能成就偉大的愛

我一到紐約，幾乎可以感受到某種「衰敗」的氣氛。紐約被稱爲美國繁榮的象徵、經濟景氣的縮影、國際影響力的指標。看紐約，可以估美國，許多紐約人如是說。

對美國人而言，一九六〇年代的國際大事就是越戰，美國政府宣

稱越戰是美國國家安全之爭。尋常的美國百姓未必了解越南和國家安全的關聯性，但他們有一個無法釋懷的心結，那就是，美國百年來參加許多國際戰爭，如美西戰爭、兩次世界大戰、韓戰……美國人都是贏家，美國人從未打敗仗。按照這個邏輯，越南戰爭成爲一種自尊心與自信心的考驗，贏的意義也許不清楚，但是輸的意義就嚴重了。

這是美國政府在越南步步陷入泥沼的重要理由之一，因爲白宮和五角大廈很清楚：可以多派軍隊、多花些錢，就是不能輸！

當時序進入一九六〇年代末期，美國人被迫接受一項殘酷的現實：「越戰輸了」。呈現在眼前的是：駐越美軍人數超過五十萬，越共的實力反而日益強大；西貢政權不但沒有鞏固，南越人民的反美情緒更加激烈；美軍的戰略目標不但沒有達成，陣亡人數高達五萬，傷兵超過十五萬人。眼看國內反戰氣氛濃厚，經濟陷入蕭條，民主黨的詹森總統黯然宣布不再競選連任，實際承認越戰失敗之責，共和黨的尼克森以迅速結束越戰、尋求光榮和平爲號召，榮登總統寶座。

一九七一年國務卿季辛吉與北越代表黎德壽簽署「巴黎協定」，依約美國所有武裝部隊正式撤離南越，並承諾協助南越政府承擔安全之責任，這就是有名的「越戰越南化」政策。

尼克森總統的撤軍固使美國人鬆了一口氣，美國的經濟並未因此改善，聯邦預算赤字持續增加，國際聲望大幅跌落，美國人不再對「美國夢」懷有信心。所謂「美國夢」是一種美國社會流行的價值觀，甚至被認爲是一種文化傳統，意思是任何人，不論種族出身，只要他努力打拚，都有機會爬到社會最高階層，達到他所夢想的成功境界。

「美國夢」確實是美國社會凝聚力的萬靈丹之一，它使美國人（尤其是年輕人）對未來充滿信心，因而願意遵守「遊戲規則」（即國民義務與社會規範），遇有危機時更是團結一致、共度艱困。美國人崇拜英雄，尤其是出身寒微、自力奮鬥成功的英雄，例如亨利．福特、賈利．古柏、約翰．韋恩、瑪莉蓮．夢露等，他們都代表著「美國夢」。

一旦對「美國夢」懷疑或動搖，美國年輕人在思想與行爲的自律便崩潰了。一九七三年許多美國年輕人的典型「德性」是：耶穌式的長髮，額頭綁上一條紅色布條，林肯式的大鬍子，牛仔褲，陸軍野戰夾克，嘴巴不離「屎」與「幹」……他們蓄意在抗議傳統，以吸食大麻、逃避兵役、性開放、街頭暴力等行爲，向傳統挑戰、宣洩不滿情緒，爲的是逃避內心徬徨！

美國社會的凝聚力降低了，許多問題的衝突浮上檯面：種族歧視、代溝、兩性平等、弱勢族群權利、宗教教義再探索……一時風起雲湧，百家爭鳴，美其名爲「文化多元化」，其實是結構分裂；美其名爲「政治民主化」，其實是秩序崩潰；美其名爲「思想進步」，其實是憤世嫉俗。

甚至於美國人一向自豪的「兩黨炮口一致」的外交政策的和諧也亮起紅燈。民主黨籍的前國防部長柯力福公開反對白宮的越南政策，影星珍芳達跑到北越廣播反戰……美國不但在國外軍事失利，在國內更是四分五裂。

另一方面，蘇聯則大肆擴張軍備，中國以高姿態進入聯合國，國際政治陷入「美蘇中」三元鼎立的態勢，許多弱小國家乘機坐收漁利，甚至向美國公開挑釁，其背後均有強權撐腰，反美成為一種時尚。反過來說，許多美國的「忠貞盟邦」如伊朗、南韓、尼加拉瓜、巴拿馬等則受到美國國內「反現狀」的氣氛所波及，紛紛被美國的自由派媒體或知識分子斥責爲「獨裁者政權」。

一言以蔽之，美國的國力衰退了。

☼保持危機感，才會進步並且充滿Power

就在這種詭異的政治氣氛中，美國政壇爆發了最高層次的醜聞：一是副總統安格紐因在州長任內收受賄賂而宣告辭職；一是震驚全美的水門事件。

尼克森總統的核心幕僚爲了「促使」總統連任順利，不惜竊聽民主黨在水門大廈總部的通訊，嚴重侵犯美國憲法所保障的自由權利。這個堪稱是美國歷史上最嚴重的醜聞，對於正在衰退的美國形象可謂雪上加霜，全美民眾對尼克森的政治操守議論紛紛，總統的領導聲望急速滑落。尼克森總統本來口才、風度俱佳，一向在記者會中對答如流；但是在水門事件期間，他不但舉止遲鈍，常常支吾其詞或答非所問，甚至在大冷天時，仍額頭冒汗，可見其緊張與惶恐。

美國總統是美國政府的舵手、權力的象徵，他的一言一行都被解釋爲某種「訊息」或「徵兆」。尼克森身爲世界上最有權勢的領袖，一旦舉止失態，人格操守被質疑，他在國會的運作能力以及外交政策的公信力隨之衰退，美國的國際影響力也起了微妙的變化。

一九七三年十月，埃及突然揮軍渡過蘇伊士運河直攻西奈半島，這企圖殲滅以色列，十年之內第二次的以阿大戰爆發。所不同的是，這次阿拉伯國家不但打軍事戰，而且打經濟戰；聯合禁採並禁運原油往西方國家，全世界陷入能源危機。各主要工業國家原油存量通常不超過三個月，一經抵制，經濟秩序幾乎面臨崩潰。

於是尼克森總統下令全球的美國武裝部隊進入「二級備戰狀態」，意即：所有官兵一律停止休假待命，所有軍用飛機試行待飛，核子飛彈進入發射程序。美國國防部的「二級備戰狀態」可不是普通的「加強戒備」，每日需額外耗費一億美元，相當於美軍在越南尖峰狀態下每日的戰費。尼克森這個命令持續共二十天，美國納稅人平日多負擔二十億美元，是否決策品質過於粗糙？尼克森是否受水門事件影響而心理失調，以致於過當反應？全世界都在熱烈討論，大多數的評語是「小題大作」。

以阿戰爭的根源是歷史問題，但爆發的時機卻是政治問題，妙的是，都和美國總統的統治能力相關。第一次以阿戰爭是一九五七年，艾森豪總統適逢心臟病與迴腸炎手術修養中；第二次以阿戰事是一九六七年，詹森總統的越南政策遭受強烈譴責；第三次是一九七三年，尼克森總統被捲入水門事件；以上三次國際戰爭的時機也許各有特定原因，但也可能是「美國弱勢總統症候群」。

能源危機暴露了西方強國致命的基本弱點，凸顯了弱國團結一致所能發揮的力量，使國際政治的權力方程式不得不重新排列。當時以色列外交部長伊班感嘆說：「這將是『強者的弱勢，弱者的強勢』的時代。」

這段期間，許多國際大事似乎具有環環相扣的關聯性。水門事件不但傷害了尼克森總統「個人」的聲望與權力；更重要的是尼克森辭職後，進一步削弱了美國「總統職位」的權限，國會的角色更加活躍，民意與媒體的影響力更加抬頭。尤其尼克森下臺後任命「好好先生」福特繼任總統，而福特上臺後的第一道總統命令居然是特赦尼克森，表面上的理由是政治和諧，許多美國人則懷疑是事先串通的「交易」，白宮的公權力形象更是跌到谷底。

美國生病了，蘇聯與中國當然得意洋洋，乘機在國際混沌之局中先撈一筆再說。一九七四年十二月，中共南海艦隊一營陸戰隊占領西沙群島，該島一向具有主權爭議性，北越、南越、中共、臺灣均宣稱它爲固有領土。中共以武力閃電式強占西沙，西貢、臺灣束手無策，華盛頓居然袖手旁觀。同時，蘇聯宣布擴編太平洋艦隊，「加強」在西太平洋的巡弋活動；莫斯科對越戰的干預更是明目張膽，各式援助湧入北越，北越政府的親俄派如武元甲與黎荀等取得決策的優勢權力。

一九七五年三月，北越以十五個俄式裝備的步兵師全面進攻南越，西貢政府軍全軍覆沒；四月，柬埔寨共黨部隊也在俄國援助下大舉進攻首都金邊，龍諾政府崩潰。

一九七五年五月初，南越與柬埔寨首都雙雙淪陷，共黨政權完全控制兩國，至此，曠日持久的越戰終告結束。先是法國，後以美國爲首的西方勢力在越南遭受重大挫敗，親西方的亞洲國家對共黨勢力的強大難免觸目驚心。

能源危機與越戰失敗可以說是一九七〇年代國際政治的兩大尖端議題，它們引起的衝擊不但是實質上的，更是心理上的。實質上，它們象徵美國「老大哥」地位的沒落，國際政局從冷戰時期的「美蘇兩極對立」轉變為「多極化」，包括中共、日本、西德等國家正式躍上國際列強的舞臺，呈現某種「權力均衡」的形勢。也就是說，美蘇爭霸的僵局一旦打破，國際緊張局勢趨於緩和，核子大戰的可能性大為降低，經濟發展與科技突破成為優越的政治籌碼，市場的擴張反而比軍事基地的設置更為重要。

☼最偉大的成功來自於擁有失敗的自由

一種新的「啓蒙時代」似乎就此誕生了，它們象徵著傳統的「菁英政治」觀念終於被打破。

所謂傳統的菁英觀念是：勝利者爲菁英，菁英予取予求，失敗者俯首認罪。第一次大戰德國被迫簽訂凡爾賽條約、二次大戰後日本無條件投降，都是這種「零和遊戲」的典型例子。

一九七〇年代的新局勢是：戰敗日本與西德從另一戰場——商品與科技，揚眉吐氣，成爲世界經濟體系的超級要角；落後的阿拉伯國家可以在瞬間令西方工業強國癱瘓；窮困的越共可以連續擊敗法國和美國；這是多麼讓「弱者」鼓舞的現象！

一九七〇年代後，幾乎全世界各層面的「弱者」都陸續「起義」，紛紛大聲疾呼並付諸行動，來「爭取」他們宣稱應得的權益與地位：女權VS.男權，有色人種VS.白色人種，貧窮VS.富裕，消費者VS.廠商，環境保護者VS.汙染製造業……總之，「反現狀」與「反既得利益」成爲前衛的意識形態。

透過現代科技的傳播，一系列的抗爭活動開始呈現在我們眼前，讓我們從「驚訝」到「熟悉」，從「熟悉」而「默認」或「接受」。

例如爭取性教育與墮胎或避孕公開化活動，二次世界大戰日本在亞洲的「慰安婦」公開索賠活動，同性戀者公開爭取他們的「公民權」，以色列重新追捕納粹戰犯，南非種族隔離政策瓦解，美國黑人開始尋「根」，許多開發中國家的民主運動日趨熱烈……等，似乎可以說，從法國大革命時期高唱「自由、平等、博愛」口號以來，很少像一九七〇年代以後，人類社會的思想與行爲能夠如此的「解放」（或努力尋求解放）。

一個舊的話題重新成爲新的潮流，甚至成爲推動權力的力量，那就是「人權」。

人權本來屬於哲學或宗教上探討的概念，強調人與人之間平等的生命尊嚴與生存權利。事實上，在階級不平等的威權社會，人權是一個抽象的字眼，只有在追求平等的民主社會，人權才能夠成爲保障個人生存權利的依據。

一九七〇年代的「反既得利益」潮流就是一種爭取人權的具體行

動，它象徵著威權時代的結束，民主時代的開始。換言之，人權成為一種意識形態，它的重大意義是：「弱者的強勢」抬頭了。一九七六年的美國總統大選，「人權」意識形態終於浮上檯面，成為最熱門的議題。

在一九七六年的美國選民眼中，水門事件代表首都華盛頓的「既得利益圈」的囂張與腐化，能源危機與越戰失敗更代表「既得利益圈」的無能與不負責任。再者，共和黨一向被定位為既得利益──資本家、政客、官僚等上層社會的複合體，依此邏輯，共和黨總統只不過是既得利益圈的代言人而已。在共和黨執政下，陸續發生水門事件、能源危機、經濟蕭條、越南撤退……等，許多美國人開始相信：廉能的政府，才能保障個人的權益，而要有廉能的政府，先要推翻共和黨總統、打破華盛頓既得利益圈。

於是在「物極必反」的政治氣氛中，吉米·卡特異軍突起。卡特既非共和黨，更不是華盛頓既得利益圈的一分子。他是鄉下種花生的農夫出身，曾任潛水艇軍官，並擔任過喬治亞州州長，也是虔誠的教徒。這樣一位「清純的政治圈外人」，在平常時期幾乎不可能成爲美國的頂尖權貴，現在居然被捧爲救世主，全美弱勢團體與中低階層熱烈擁戴，在短期內造成政治旋風。其實他的主要訴求就是「人權」，他可能是歷史上第一位企圖把人權概念落實到內政和外交政策的總統候選人！

一九七七年一月二十日，卡特宣誓就任美國第三十九任總統。爲了表示平民化的作風，他創下先例：在就職典禮中走上街頭，與民眾打成一片，許多美國人因此爲之動容、熱淚盈眶。在就職演說中，他特別強調了「人權」：

我們（美國政府）對於人權的承諾是絕對不容懷疑的，對於法律公平性的承諾是絕對不容懷疑的，對於維護國家之美的承諾是絕對不容懷疑的；強者不應該迫害弱者，人類的尊嚴必須提高。

卡特的人權政策不但博得國際間的尊敬，更重要的是振奮了全世界的「弱者」（包括弱勢國家與弱勢個人），使他們「反既得利益圈」的信心更爲堅強，可以說，「弱者的強勢」的時代終於來臨了。

卡特總統沒有料想到的是：美國開始同情弱者，弱者不但沒有感恩，反而認爲美國是可欺的。一九七一年一月，伊朗學生與宗教狂熱分子引爆大規模的反政府動亂，美國的「忠實盟友」巴勒維國王被迫下臺，基礎教派領袖何梅尼勢力接管政權，宣布反美路線。同年十一月四日，伊朗激進分子進攻美國駐德黑蘭大使館，六十名美國外交官被扣爲人質。十二月四日，蘇聯大軍侵略阿富汗，舉世震驚。一九八〇年，阿拉伯等產油國大幅度哄抬原油價格，從一九七九年七月每桶十八美元漲至一九八〇年的三十二美元——第二次能源危機出現，全球經濟陷入不景氣，美國人民對卡特政府失望透頂……

一九八〇年十一月的美國總統大選，卡特被六十九歲的共和黨候選人雷根擊敗，創下美國歷史上少見的總統競選連任失敗的例子。

Power鋸的人生究極主張

關於・自由

所謂自由，只是拴在你脖子上的鏈子，
比較長一點而已。
不自由的好處就是讓人充滿安全感，
想要自由就要承擔恐懼。

歷史上的Powerless——
中美斷交後的臺灣

我認為：一九七〇年代可謂二次世界大戰以來國際社會變動最大的世代，變動的軸心是美國，同時，臺灣社會也被這種變動所波及，展現出新的局勢，成為中國政治歷史過程的重要分水嶺。那就是：一個民主的、繁榮的臺灣，和一個專制的、落後的大陸！

在許多國際人士的眼中，一九七〇年代之前的臺灣與北京兩個政權，除了官方意識形態的明顯對立，其餘的差異並不大。從他們看來，北京在高呼「毛主席萬歲」與「中國共產黨萬歲」，臺灣也在高呼「蔣總統萬歲」與「三民主義萬歲」；北京有一個「無產階級專政」的列寧式政黨，臺北也有一個「以黨領政」的列寧式政黨；北京不准有反對政府的組織與活動，臺灣又可以嗎？北京政府的元首沒有任期，臺灣有「戒嚴時期臨時條款」可以保障總統無限任期；北京沒有自由選舉，臺灣有自由選擇，卻是「一黨獨大」的競選方式……大體上而言，中華民國臺灣的形象遠比中國為佳，但尚未達到西方民主國家的標準。所幸我們在外交上一向「堅守民主陣營」，以美國馬首是瞻，美國國會與媒體也對臺灣極為厚愛，對我們處處冠以「自由中國」的美稱，令國人十分受用。

☼選擇當家畜？還是人？是一生的問題

這種好景終於在一九七〇年代以後不再如是。美國的霸權地位在美國國內與國際間同時受到一連串打擊：在國內是經濟不景氣、水門事件、種族衝突、反越戰……在國際是能源危機、越南高棉赤化、伊朗革命、蘇聯入侵阿富汗……似乎在同時，全世界各地的「弱者」普遍覺醒起來向「強者」挑戰。也就是說，「民主」與「人權」突然成爲國際性的熱門意識形態，有人相信它們，更有人操縱它們以滿足特定利益。

很多學者、專家批評卡特的人權外交太過於天眞，認爲此項政策應爲七〇年代末期的國際動亂負責。我認爲這種批評未免倒果爲因。事實上是，卡特總統正好順應潮流，迎合美國人當時的「反既得利益圈」的意識形態而已。

在臺灣，從一九五〇年到一九七〇年之間的安定絕不是偶然的。其中幾個重要因素，例如成功的土地改革與自由經濟政策、團結的黨、政、軍集中化統治、戒嚴措施防堵異議分子，尤其重要的是美國的軍事經濟援助與外交支持，以上因素固然鞏固了國民黨一黨獨大的威權統治，其實也是奠定了臺灣社會走向民主的基礎。

其原因是，臺灣在「政治專制、經濟民主」的發展過程中，美國的影響力太大了。一旦以美國爲首的國際環境逐漸走向「弱者反抗強者」的方向，臺灣的異議人士不但受到鼓舞，而且獲得國際的奧援，例如國際特赦組織，於是「黨外」勢力能夠快速成長。

一九七六年美國民主黨的卡特推翻了共和黨的總統執政權，一九七七年臺灣發生中壢事件，兩者看似無關，實非偶然。一九七九年，華盛頓方面宣布承認中國並與臺灣斷絕外交關係，對國民黨政府而言更是重大的打擊。甚至一向忠誠的國民黨支持者也不禁懷疑：臺灣一向認爲北京是「僞政權」，現在美國與北京建交，臺灣豈不是變成「僞政權」？一旦中國侵犯臺灣，臺灣的國際支持在那裡？對此問題，國民黨政府如果無法提供滿意的答案，反對勢力就有發展空間。

尤其是外交上，幾乎所有主要國家都承認「中華人民共和國」爲中國「唯一」合法政府；在此前提下，臺灣人民在各國旅遊時均深深感受「無國籍」的恥辱，其內心的懊惱是可以想像的。因此，反對勢力臺灣獨立的訴求，儘管中共一再強烈指責，國民黨政府也嚴正表明反對，民間逐漸接受的情緒卻有增無減。

在國內外因素的激盪下，一九七〇年代臺灣人的自我意識快速覺醒，覺醒的速度雖非絕後，也算是空前。他們一方面對國家前途缺乏信心，一方面企圖擺脫傳統束縛以創造自己命運。許多中產階級以上的民眾興起一陣移民熱潮，主要向美國、加拿大，甚至哥斯大黎加、阿根廷、巴拉圭等前去；許多中南部中低階層以下的人則尋求變通，從彰化、雲林、嘉義等地移往臺北地區，或從臺南、屏東等地移往高雄地區。

臺灣居住生態產生革命性的變化，大量的人口遷移，對政治、經濟、社會等層面帶來重大的衝擊。

以我的家鄉新北市而言，從民國六十年到民國七十一年中間，總人口數增加達一百萬人，平均每年成長率爲千分之五十八。而在六十五至六十七年之間更是達到最高峰，尤其民國六十五年的成長率高達千分之七十九，不可謂不驚人！

Power轉捩點——

菜鳥新移民駕到

民國六十六年我回國服務，最令我驚奇的是臺北地區社區外貌與社會現象的轉變。

首先是傳統農業經濟下的鄉村氣息不見了，看到的是漫無規畫的新市鎮，最顯著的是遍地的違章建築與四層樓的公寓式房屋，傳統的四合院農莊與老街的店面漸漸式微。其次是檳榔攤林立，取代了傳統的香菸攤；五十CC的摩托車取代了腳踏車，計程車取代了人力三輪車。以及在省主席謝東閔「家庭就是工廠」的號召下，許多家庭主婦在家中拼裝手工業產品補貼家用，客廳中堆滿了毛線、聖誕樹裝飾燈、塑膠花等。

阮欲來去臺北打拚

一九六〇年代末期以後，美國政府開始在亞、非、拉丁美洲國家打「財經牌」，藉著運用許多管道如世界銀行、進出口銀行、國際貨幣銀行、亞洲開發銀行等，以協助反共盟邦發展經濟，也就是說，使這些國家有「賺錢」能力。

在華盛頓與臺灣政府的共識之下，臺灣地區逐漸能夠以加工產品開拓美國市場，於是外貿能力大增，國民所得顯著提高，社會結構也隨之變化。

此時，臺北地區因為地處決策中心、交通便利，尤其有松山機場與基隆港為門戶，當然成為經濟發展的重鎮之一（之二是生態相似的高雄）。由於就業或創業的機會大增，大量中南部人口擁入臺北地區，尤其是衛星區如三重、新莊、板橋等地，更是移民爆漲、違章遍地。這段期間的新北市人口以一〇〇%的驚人比率成長，從民國四十年左右的七〇萬人到民國六十年躍爲一四〇萬人，民國七十年升至二三〇萬，民國七十八年更高達二九〇萬人！

臺北商業化結果雖帶來了龐大的就業機會，相對也帶來了社會與文化層面的「墮落」：治安惡化了，交通混亂了，道德低落了……例如三重市的歌仔戲院首先出現了脫衣舞秀，其盛況非但警察取締效果不彰，還每場座無虛席。

探究其因，除了是工業化與商業化的後遺症外，不可忽略的是臺北地區特殊的「移民性格」與「移民的政治文化」。

「移民」的重要特徵是其居住環境的徹底改變，此非等閒小事。尤其在農業社會，移民更需極大的決心與勇氣。一旦成爲移民，這些人必須在不同的生存條件下重新適應與奮鬥，培養新的性格，一種屬於移民族群特有的性格。例如：英國人移民到北美洲成爲美國人，雖然種族皆屬盎格魯薩克遜，但是美國人已經形成了不同的「移民性格」，和英國人常常格格不入。

臺北地區移民人口比例逐年升高，以新北市而言，到民國七十八年，移民已經占總人口的百分之七十；我們有理由相信：移民精神已經成爲大臺北地區民眾性格中的重要成分。

這些新移民有某種共通性，第一是坦白熱情，也就是心理學上所稱的「外向性」。其特徵是：在人際之間的溝通方面，表達方式較不會隱藏、對環境的敏感度較高，可能因爲多屬外來人口，人地生疏，難免對環境與別人特別在意，急於取悅別人，以增加自己的安全感。

第二是積極進取性，這有可能是所有移民共同的特點。很多人好奇，美國人是歐洲人的血統，爲何美國人普遍積極進取，歐洲人卻較爲拘謹，性格上極爲不同？我想移民應該是最重要的原因。離鄉背井本來就是一個重大的改變，膽怯或猶豫不決的人根本不會去嘗試；反之，只有「愛拚才會贏」的勇者才敢於出外冒險。臺北地區的勞工階級絕大多數是移民，他們的行爲模式之所以較積極，理由很簡單，因爲不積極的人根本就不會移民，「不是猛龍不過江」呀。

第三是團結一致，這是典型「在家靠親人、出外靠朋友」的反應。出外人人地生疏，何況勞工階級教育程度不高，他們不但有資訊不足的問題，更有情感空虛的煩惱，所以他們很容易發展出一種相互依賴的團結一致性。這種團結一致常常是具有排他性的，例如：他們對某些資訊的處理，常常是寧願相信同鄉所傳遞的，而不願相信「外人」所說的，甚至政府的消息或媒體的報導也未必取信他們。

記得我在競選時，爲了表示我對雲林鄉親的感謝之意，曾在三重一個公開場合提到：「我和雲林人很有緣分，不但機要祕書是雲林人，助理是雲林人，甚至開車小弟也是雲林人，他們都是我最親信的人！」

當天並無媒體記者在場，事後更沒有上報，但是我那句「開車小弟」卻被許多雲林鄉親到處流傳，認爲我有意輕視雲林人，把他們當成「小弟」看待。

令我驚奇的是，我在各地都聽到這個抱怨，我甚至不知道如何澄清，因爲一切流傳都是「耳語」，但是散播非常迅速。

這種團結一致性同時也反映出相當程度的自卑感，是一種「同是天涯淪落人，相逢何必曾相識」的情緒引發出來的「熱絡」。我們可以從許多臺語流行歌的歌詞中，如〈愛拚才會贏〉〈浪子的心情〉〈野鳥〉〈金包銀〉……發現歌裡不但充滿著「出外人」與「勞工朋友」的寂寞、無奈，更含有一種悲憤與挑戰的階級怒吼。固然可以把它們視爲勞工朋友的情緒發洩，何嘗不是提醒統治當局：勞工階級的福利是不是照顧得很好？否則這麼尖銳的歌詞如何會成爲勞工朋友的最愛呢？

※聽人說啥咪好康的攏底加

總體而言，這些臺北新移民們的呈現出的精神特徵之一是：對新環境缺乏安全感與關懷而形成一種疏離感；加上收入較低，心情「鬱卒」，對現狀容易不滿，對既得利益若更傾向於反感。這種心態逐漸塑造爲一種價值觀，形成臺北地區居民新的政治文化。「移民的」政治文化和「當地的」政治文化有很多差異。

大臺北地區突然增加了數以百萬愛「拚」也敢「拚」的移民，對傳統社會經濟結構的衝擊力是難以估計的。對當時長期執政、日漸保守的中國國民黨與政府當局。在政策上與心理上更是沒有準備，諸如地方政府首長的提拔與培養、都市問題的設計與執行等問題；由於局勢變動太快，政府應變能力變得手忙腳亂，民眾的期望遠超過政府所能提供，一股怨恨現狀的情緒逐漸升高。

由於外來人口大量湧進，我所熟悉的傳統臺北地區的風俗習慣也有了變化。例如傳統喪禮的「陣頭」仍舊存在，現在再增加了熱鬧的電子琴、花車、脫衣舞秀等排場，頗能反應本土的民情。飲食模式也較以往不同，北部居民對水產食品的消耗量有限（因爲臺灣北部的漁獲量本來就少），現在則「海鮮餐廳」林立，南部的漁港與漁塭經濟的影響力已經非常顯著。

甚至於日常使用的「口音」也反映了臺灣居民人口流動的事實。首先是國語的「本土化」，例如「方法」唸成「荒華」，「賭輸了」常常唸成「賭撕了」。臺語發音也傾向「南部化」，例如北部人問候語——「呷飽未」（吃過飯沒有），南部口音則是「呷飽未喲哦～」，其中「喲哦」音特別長，甚至不亞於「呷飽」兩個字音。語言學家解釋口音和生存環境的相關性，認爲：熱帶地區的人講話尾音較重較長，含有散發熱氣的作用，例如廣東人把「是」唸爲「海呀～」，必須張大嘴巴唸。反過來說，北方人說「是」根本不必張開嘴巴，舌頭只需在口中「連轉」即可，以免張嘴受寒。

由於快速經濟發展提供高度的就業機會，民國六十年代以後，中南部與宜蘭地區的農業勞動人口大量湧入臺北地區，構成「勞工階級」的主要成員。人們或隻身或全家離鄉背井，甚至賣掉祖產，在臺北近郊購屋定居，並且盡可能與親戚或同鄉比鄰而居，以便相互照應，至少減低人地生疏的恐懼與鄉愁。

他們相互介紹工作，閒暇之時泡茶聊天，或參加廟會活動，熱心人士且組織同鄉會，相互聯誼或排難解紛……逐漸無形的建立了某種命運共同體性質的「認同感」。這種集體性的「認同感」其實就是一種「階級意識」，它包括：「我們都是勞工」「我們都是出外人」「我們必須奮鬥」「我們必團結」的「自知」和「覺醒」。

更嚴重的現象是：臺北地區的房價起飛，貧富差距拉大，本地人與外來人的關係越來越不和睦。

※回顧天龍國第一波炒房史

「自由經濟」的精神強調供需的自然均衡，價格不需經政府控制，而是由市場反應其機能。就房地產價格而言，傳統臺灣社會的「市場機能」其實並不暢旺，主要的原因是農業經濟以及人口流動的靜態性使交易無法熱絡。

以臺北地區爲例，最政治中心也是經濟中心，房地產價格自有其一定的水平，尤其接近權力運作核心總統府一帶的「城中區」，一向更是金融與商業交易的精華地段，居民的身分更是爲人所羨。

但以「城中區」爲核心向外擴散的衛星區，包恬南港、內湖、士林、三重、新莊、板橋、中和、永和、新店、木柵等外圍，則因爲人口增加速度穩定，幾乎沒有所謂的房地產價格波動問題。

一旦外來人口湧入，尤其是民國六十到七十年之間，臺北都會區總人口膨脹近一倍之多，房屋與土地的需求量自然驚人。這一來可便宜了兩類人：一類是擁有資金的資本家，他們很快發現以資金購買土地的暴利，可能是投資於製造業獲利的數十倍，於是企業界「兼營」房地產業成爲臺灣經濟的特殊現象。

一類是本地的傳統與新興的地主，包括大小型地主，所有本來是稻田的土地一旦變更爲建築用地，地價可能一夜之間暴漲數十倍。這型暴發戶民間謔稱爲「田僑」，意思是：當年臺灣居民普遍貧窮，除了「外僑」（尤其是美僑或日僑），只有「華僑」才有錢——「僑」代表著財富地位。

現在呢，又多了一種「田僑」，田僑成爲民國六十年代以後的新興勢力，是延平北路一帶酒家的「貴客」，夜擲數十萬而面不改色。食色性也，「田僑」突然有了暴發財富，很自然就會追求物質與美色方面的享受；同時，衣食足而知榮辱，有了錢很自然又追求權力與地位的尊嚴。由於追求享受，社會也出現新的面貌。酒家、餐廳、茶室、按摩院、夜總會……臺北地區的夜生活開始聲色犬馬、多采多姿。

表面上，臺北地區更繁榮了，實際上，新的衝突產生了。因爲，「花錢」的人往往是本地田僑，「服務」的人多屬中南部上來的年輕男女，他們可能是餐廳的廚師、服務生、轎車的司機，也可能是保養廠技工和建築工地的工人等。和「田僑」極端相反的一個「基層」

階級在臺北地區迅速形成，醞釀著本地人與外來人相互之間的某種敵視。

由於追求權力，政治也出現另一種新的面貌。昔日「日出而作，日落而息，帝力於我何有哉」的風氣下，政治一向是農業社會中很冷門的話題，也不是家家戶戶都會鼓勵子女「十年寒窗求一舉成名」。現在呢，更多的有錢人對政治產生企圖心，他們挾雄厚的資金投入地方政治，使得一向冷淡的選舉突然熱烈起來，其競爭之激烈勝過先進民主國家。於是競選開始不擇手段，賄選與暴力的規模越來越大，競選所需投入大量的金錢與人力已非一般人所能負擔，而是「田僑」或資本家的特權。

☼中產階級的崛起和夢碎

一九七〇年代以後的臺灣，尤其是臺北都會區，由於工商發達，產業結構多元化，技術密集企業增加，除了帶動大規模的人口流動，也刺激了專業人員的大量成長，形成一種新興的「中間」階層。這些人擁有一技之長，收入比勞工階級更穩定；他們所參與的產品不但應付國內所需，甚至於以外銷國際市場爲主，因此他們具有相當程度的「國際觀」。再加上所得增加，使他們有機會出國觀光旅遊，更使他們有機會比較臺灣國際社會的狀況。

由於臺灣的產業「升級」，許多出國留學的學生陸續回國就業，這些人無論從專業上或心態上都是典型的「中產階級」，他們爲臺灣的政治文化注入了新的元素。

我試以當時土城居民王君爲例，說明一個「中產階級」在都會區的生活與心態。

王君，二十八歲左右，國立大學畢業後，留學美國著名大學，現爲跨國企業電腦公司程式師，每個月薪水五萬元上下，妻子也在一家貿易公司當祕書，月入三萬元上下。兩人上班地點都在臺北市，每天開自用車從土城到臺北的上下班通車時間約兩小時。

王君住在土城某一個新社區，附近公共設施欠佳，晴天塵土飛揚，雨天則泥濘遍地，平時環境髒亂不堪。王君之所以住在這裡，其實也是沒有什麼選擇餘地。原來他的父母住在屏東市，他本人也是屏東市長大的，直到高中畢業才到臺北就讀大學。

王君很懷念屏東市，也常常回去探望父母，但是他仍選擇住在臺北，因爲他的專長只能在臺北區的現代科技公司才能發揮。他也發現，除了留學不歸的同學，其他的大學同學甚至高中同學幾乎都在臺北地區工作。似乎唯有臺北地區工作才有發展潛力，才有安全感。

王君懷念留學美國那段生活回憶，那是綠草如茵的校園，青色山脈的原野，乾淨純樸的大學城……但是他仍決定回國服務，定居在「環保不及格」的臺灣。因爲這裡有父母朋友，更重要的是有成就感，甚至具有發展的遠景。

面對現實狀況，王君對工作尙稱滿意，但是心情仍然相當「鬱卒」。他並不喜歡土城，因爲離上班地點太遠，每天必須忍受塞車之苦，更遑論空氣汙染對身體的傷害。他一度夢想住在辦公室附近，但是房價太貴了，動輒千萬元，以他全家的收入是不可能買得起的。因此，他也像多數中產階級一樣，仔細比較各種房屋銷售個案，選擇了土城一個新社區。在這裡，房價六百萬元，同樣的坪數和格局的公寓，在臺北市則要一千萬以上。

在臺北地區，像王君一樣的人越來越多。他們的社會經濟地位在一般人之上，他們的知識與品味是現代的，但是他們的生活品質卻是相當「第三世界的」。他們的挫折感是：他們所期待「應得」的東西遠比「實得」的要少太多了。

我好奇的問王君：「你每天花兩小時在路上塞車，除了聽音樂，你以什麼心情度過這段漫長時間？」王君的回答很有趣，它算是一種明知不可能發生的狂想曲，我倒認爲它相當反映中產階級被壓抑的情緒。

王君的說法是，他既不能打瞌睡，也沒有風景可以欣賞，因爲窗外的「風景」就是排山倒海的汽機車，他只好自編「狂想曲」：他想像六合彩中了兩千萬元，要如何用這筆錢？想像搶劫銀行的強盜在逃逸時掉了一袋現鈔，剛好被我拾獲，裡面均是舊鈔票……一切都是想像，還是研究實際問題吧！王君開始策畫將來的命運：不知何時可以開賓士轎車？一部要二百五十萬元，那是他四十個月的薪水；不知道住仁愛路上的公寓滋味如何？一棟平均是二千五百萬元，那是他四百個月（共計三十四年）的薪水……

在都會區，大環境充滿著物質的誘惑，中產階級可望而不可及，這種「期望」與「現實」的差距，使他們產生極大的挫敗意識，社會學家稱爲「相對被剝奪感」。

民主社會本來期盼透過人民的選賢與能，讓才德之士有機會進入政府爲民服務。若一旦政治權力成爲有錢人的熱門裝飾品，甚至成爲賺錢的工具，表面上，民主似乎突飛猛進（因爲選舉越來越熱鬧），實際上，社會卻開始兩極化：一極是富貴雙全的裙帶權貴，一極是無錢無勢的基層民眾，以及夾在兩者之間所謂的中產階級。這三種層級的成員各擁有不同的價值觀，也就是說，三種「次文化」共同組成了首都地區（以及蔓延到全省各地）的新政治文化。

Power錕的人生究極主張

關於・快樂

要為樂而吃苦；不要為苦而放棄樂。
樂觀是積極處理悲傷的能力。
不快樂的原因是，你還不知道怎麼當「人」，
快樂不能模仿、不能學習，
唯有了解快樂的邏輯再去追求才可行。

歷史上的Powerless——

天龍國的潛規則

臺北，自從淡水、基隆開港以來，歷經百年來的兩岸通商、中法戰爭、甲午戰爭、太平洋戰爭等衝擊，老早就不是一個「草地」所在。居民看慣了新的東西，適應新的觀念，接受新的的生活方式。但是這種彈性的態度卻隱藏了傳統「臺北人」不爲外人所察覺的個性——一種善於保護自己、缺乏安全感，及自尊心極強的心態。

天龍國是這樣煉成的

比起上海之「前有大海後有平原」的腹地，北京之「歷代帝都」的氣派，臺北的格局是一個「狹窄、低濕，又有壓迫感的」盆地，自然的，居民的性格實在不容易開朗、樂觀及包容。

由於先天條件不足，後天又經歷多次外來勢力的「支配」——從清朝北京政府派來的官僚到日本人、陳儀的接收人員、南京政府的權力架構，還有美軍顧問團等，臺北人似乎有種「生態脆弱性」的感受，亦即是一種對所居住環境沒有安全感的感覺，使他們內心經常存有疑問：誰是下一個支配者？

記得一九七二年七月，退出聯合國時，單是那個月份臺灣居民申請赴美移民的簽證申請即增加了五倍。據美國領事館估計：申請者大部分是臺北人，臺北人對政治權力轉移的敏感可想而知。

對臺北人而言，歷史經驗顯示臺灣的政治穩定性是不確定的。臺北人不輕易相信任何政治勢力，但是似乎也能忍受任何政治勢力。如果用民主政治的觀點來看，臺北人的態度是善變而難以捉摸的，任何執政者對臺北人都無法「高枕無憂」。

因爲百年來臺北地區都扮演政治權力中樞的角色，而政治必然會帶動經濟、文化和意識形態的發展，臺北地區當然成了經濟最繁榮、文化最精緻、意識形態最覺醒的重鎮。因爲，臺北人「世面」見多了，對於「權力」不覺得有天威難測的神祕。不僅如此，基於大人物總是在僕人面前露馬腳的道理，臺北人較有機會看到政治人物腐化無能的一面，難免也減低了對權力的敬畏。

就像全世界各地的首都居民一樣，臺北人在政治上是不容易討好的。他們身處權力中心所在，享受最繁華的建設成果與最先進的資訊，卻最不容易滿足與感恩，對執政當局最傾向於採取嚴苛的批判態度。

※掌握事物的邏輯，是獲得Power的關鍵

歷史上著名的法國大革命不是發生在專制暴虐、民不聊生的路易十四王朝，而是在經濟上更有改善、政治上更開明的路易十六時期。

諷刺的是，暴動也不是在貧窮落後的地區爆發，而是在首善之區的巴黎！更令人意外的是，大革命的引爆地點不在巴黎的貧民區，而是起於中產階級居住的繁榮商業區！對法國大革命深入研究的學者杜克維爾在一篇論文中指出：

「看起來，法國人的生活條件越改善，他們越不能忍受。革命不常在由壞轉劣的時候爆發，反而是在由壞而轉入佳境的時候……」

杜克維爾的文章名稱很長，全名是〈雖然路易十六是歷代王朝中最繁榮的時代，爲何這個繁榮卻促使革命的爆發〉，它的學術貢獻是它不但能夠分析法國，而且似乎可以普遍適用於許多歷史案例，包括一九八八年解除戒嚴以後的臺灣。

歷史證據顯示，許多國家的人民在長期的專制統治、經濟貧窮、社會落後的煎熬中敢怒而不敢言，突然之間統治者轉向開明，生活水準大爲改善，結果不但沒有因爲進步而帶來欣喜與穩定，反而因期望升高而惡化爲挫折與抗爭，甚至爆發爲動亂或革命。

在這個醞釀動亂或革命的過程中，首都地區的人民扮演主導的角色，因爲他們資訊最靈通、意識最覺醒，並且對統治者較不畏懼；雖然他們得到的利益最多，但也最不易感到滿足，最容易對統治者產生不滿。

臺灣有句俗話「近廟欺神」。西諺也有句「先知常不得於本鄉」，意思是任何形式的權威（不論是政治的、宗教的、知識的）的影響力，基本上是一種「形幅」產生的效果，而形象的效果常常是「距離越遠越佳」。

舉例來說，臺灣南部有名的北港朝天宮吸引無數外地的信徒去朝拜，北港本地人反而不覺得朝天宮有何神祕，有些人還把信徒當成觀光的財源。同樣道理，中央政府所在的「首都」代表一種高不可攀的形象，全國各地都「感覺得到」它的權威，反而是首都居民「覺得」稀鬆平常。

所以，一旦中央政府的權威衰退，被統治者開始不滿，首都居民常常率先「發難」，成爲動亂或革命的「先鋒」。

一九八九年，民國七十八年，臺灣地區也有一個「革命」爆發，幸運的是沒有暴動與流血，但幾乎也發生了「改朝換代」的震撼，那就是中華民國宣布解除戒嚴後的大選，民主進步黨以反對黨角色一舉囊括了臺灣省七個縣市的行政首長職位。這次大選可以說是臺灣歷史上第一次「完全自由」的民主選舉，執政的中國國民黨遭受慘重的打擊，而其中打擊最重的就是首都地區的臺北縣，代表國民黨競選，僅以四千票之差落選的縣長候選人，就是本人——李錫錕。

當時此地人口數超過三百萬人，相當於全臺灣地區總人口數的七分之一；地緣上，它包圍著首都臺北市，每日約有四十萬人次直接或間接和臺北市「互動」，尤其經濟上臺北縣市更是不可分；臺北縣「淪陷」，實質上與心理上都可以被視爲「首都的淪陷」。

國民黨的挫敗使民進黨的「全國性」聲勢大漲，使臺灣地區儼然成爲「兩黨」抗衡的政治體系。尤其在一九九二年的立委選舉之後，民進黨在立法院控制三分之一的席次；當時民進黨主席許進良先生更在當年發下豪語：立志在次年（一九九三年）的縣市長大選中奪下十個以上的縣市，使臺灣成爲「民進黨政府」的統治。

一九九三年的縣市長大選並沒有讓民進黨如其所願，許信良以請辭黨主席表示負責；但是國民黨不但未能「光復」首都地區的臺北縣，甚至輸得更悽慘，候選人蔡勝邦先生輸了十四萬票。

國民黨爲何輸掉臺北縣？我認爲原因（或意義）極爲重大與複雜，它不僅牽涉到政黨與候選人的策略與表現，更是某種政治發展過程中難免的症候群。它是一種民眾「急速的升高的期望」得不到滿足，因而產生的「相對被剝奪」的挫折感，一旦這個挫折感有機會（如自由選舉）發洩，這個發洩性的行爲就會成爲一種「抗議」；在選舉行爲中的抗議性投票，我們稱爲「杜爛票」。

由於民國七十八年臺北市並沒有選舉，臺北縣的選民單獨扮演「首都居民」的角色，用他們的「杜爛票」宣洩了對國民黨連續執政四十年所累積的不滿。

「杜爛票」是一種選民表達給執政者的「警訊」，執政者如果沒有謹慎「解讀」，回應太慢或者沒有回應，最後很可能會被選民唾棄而下臺。「求新求變」如果是首都地區民眾特有的強烈情緒，則顯然執政黨之回應，並沒有讓民眾滿意。

「杜爛票」持續成長，終於在民國八十三年的臺北市選舉中達到高潮；國民黨候選人黃大洲落選，得票率僅百分之二十六；當選人民進黨的陳水扁得票率高達百分之四十三；新黨的趙少康則爲百分之三十。三黨的得票分析是一個複雜的問題，不必在此討論，但可以肯定的一點是：相當多數的選民是基於對國民黨不滿而投給新黨或民進黨，根本上屬於「杜爛票」。

首都地區民眾對執政者容易不滿，這並不是臺北地區的特有現象，而似乎是兩百年來世界各國在政治、經濟、社會發展轉型期的共同經驗。很多國家因爲反應過當，付出了慘痛的代價，例如一九三〇

年代以後的德國與一九五九年以後的古巴，有許多國家因爲未能了解而不斷摸索，常常難免於動盪不安或發展停頓，

巴勒斯坦解放組織領袖阿拉法特曾就人民對他的領導的責難問題指出：

他們（指巴勒斯坦人民）每天都在批評我，批評是民主政治的一部分，批評讓我更堅強。有一句阿拉伯的格言說：「神將保佑那些批評領袖、糾正領袖的人！」我不是領導一群羊，我是在領導一群自由的人呀！

臺灣統治者與被統治者的基本關係——不論是政府對人民、長官對部屬、父母對子女……已經發生革命性的變化；面對這種變化，如何將「領導一群羊」的心態調適到「領導一群自由人」，不僅是阿拉法特的問題，恐怕也是我們大家共同的問題。

Power轉捩點——

我輸掉的那場選戰

民國七十八年十二月二日夜晚，當時國民黨李登輝主席親臨中央黨部計票中心聆聽選情，全省各地頻傳不利消息，主席面色凝重。當他確知臺北縣（現新北市）已告「淪陷」，突然一怒而起，大聲斥責周圍黨工幹部：「到底是誰主張提名李錫錕？」說完後憤而摔掉手中資料離開中央黨部。

沒有毀滅敵人的鬥志，永遠只能當奴隸！

至今包括許多中央黨政首長也有同樣疑問：「到底是誰主張提名李錫錕？」身爲當事人，我必須說：並不是「誰」提名李錫錕，而是一個「決策過程」提名李錫錕；在這個決策過程中，包括臺北縣黨部、中央黨部、參加初選投票的國民黨員，以及李登輝主席本人，都「直接參與」了提名。

我相信，如果當年我選贏了，許多人將我爲榮，認爲提名新人是「黨務革新」的典範。不過由於我選輸了，於是大家都噤若寒蟬，好像李錫錕這個人從未存在，這是政治上之常情，不足爲怪。

隨著我的落選，國民黨內部產生了兩類「成敗論英雄」的見解。

一類見解是：當年國民黨提名李錫錕實具有前瞻性與正確性，幸好我的個人形象與能力可以力搏尤清，僅以四千票之差落敗，要是提名別人將輸得更慘。這類見解認爲李錫錕不是輸在個人，而是輸在匆匆忙忙中披掛上陣，根本來不及經營推銷，再加上解嚴以後社會生態條件對國民黨不利，非戰之罪也。

第二類見解是：國民黨提名錯誤，所以臺北縣「淪陷」了。持此見解的人士認爲國民黨在臺北縣不應該提名「新人」或「空降部隊」，而應提名能夠「整合派系」的地方有力人士；李錫錕固然是臺北縣人，但是和地方派系太無淵源，沒有「整合」能力，所以被提名後才引起派系反彈，導致國民黨全盤組織力量分散，終於將執政權拱手讓給民進黨。

這類見解的基本前提是：黨組織與派系力量比候選人重要，只要黨組織與派系「整合成功」，國民黨就贏了！按照這個邏輯，李錫錕本人根本沒有票，所以六十二萬三千票都是「黨組織與派系」動員出來的。結論是：李錫錕沒有能力競選，是李錫錕的錯。

在國民黨的領導階層，第二類見解顯然頗具說服力。事實上，當我在民國八十二年企圖再度競選臺北縣長，國民黨已經不再把我這位「敗軍之將」列入考慮。這年，國民黨提名的是蔡勝邦先生，因爲黨部認爲蔡有「派系整合能力」，再加上黨組織的動員，「光復」總統故鄉應無難事。

八十二年底縣長選舉投票日前一晚，某高級黨工在蔡勝邦競選總部開完會後順道來看我，我問他「勝邦會不會當選？」他說：「總部認爲百分之百當選！」我聽了半信半疑，不好意思答腔。

選舉結果，國民黨提名的蔡勝邦以十四萬票之差落敗，李前總統的故鄉「繼續」淪陷。

☼只有服從教育的國家，無法培養出真正的領導者

我在被國民黨提名爲縣長候選人之後，黨內議論紛紛，大家注意的焦點全擺在「李錫錕是什麼背景？何德何能成爲縣長候選人？」反而很少人去問最重要的問題：「李錫錕是否能夠符合民意的需求？」

尤其嚴重的是，我被提名之後，黨內同志「反彈」不斷，黨中央與我花了很多時間精力去「擺平」。和民進黨或新黨比起來，國民黨的提名過程可說是最「詭異」，不論是採用「黨員初選」「幹部反應」「民意調查」，每一種方法都很難能脫離「陰謀論」的色彩。

爲何有這種現象？最簡單的答案是：國民黨的黨工或黨員仍然留在「一黨領政」的心態，迷信「提名就等於當選」，寧可把金錢精力優先花在「提名」，一旦覺得不被「提名」，頓覺得是「世界末日」，「反彈」也就不足爲怪了。

我在紐約大學念書時，一位教授曾告訴我：「不論是美國式的初選制或是英國式的指派制，政黨提名候選人的目的都是一樣的：那就是要贏！問題是：誰能夠贏？除非有一個提名策略，能夠按此策略去『預先』評估選民的需求，依需求而提名，才有贏的機會；也就是說，政黨提名候選人，類似廠商推銷產品，你必須『預先』評估顧客（即市場）的需求，依需求製造產品，這個產品才有暢銷的可能性。」

俗語說：「養兵千日，用在一時。」意思是平日辛勤耕耘，必要時定有收穫。問題是：如何「養兵」？古代社會科技落後，武器進步緩慢，所謂「養兵」其實就是讓軍隊身體好、士氣高、熟練手上的兵器，不斷演習模擬戰況，這些法則到現在也是適用的。

但是處於「時代在變，潮流在變」的現代社會，僅僅熟練目前的武器是不夠的，因爲武器不斷更新，戰略技術也跟著變革，誰能夠領先，誰就能夠勝利。例如第一次世界大戰的「飛機」，二次世界大戰的「航空母艦」，冷戰時期的「洲際飛彈」，共產黨的「人民戰爭」……換句話說，現代的戰爭——不論是正規的軍事戰、商業上的行銷戰、政治上的選舉戰——所依賴的策略都得更新，才可能在「用」的時候獲得勝利。

事實上，以我的選舉爲例，國民黨黨工與義務幹部堪稱「上下一心，將士用命」，而部分派系雖在提名過程相當反彈，選舉期間大體上也相當配合，「倒戈」現象到底是少數。

「養兵千日，用在一時」這句話其實並沒有錯，問題是如何養？如果僅僅依賴黨工幹部或黨籍民意代表平常的「服務」，試問：一天能夠服務幾個人？何況民主國際一切依法而治，一般民眾辦不通的事，黨工或民代又能夠辦通嗎？解嚴之前，國民黨一黨獨大，派系壟斷地方資源，黨工只要平日笑臉迎派系人物交際應酬，選舉時自然票源滾滾。

只有大家都很強，領導人才會強

我們只能說，當時的選民實在太認命或者太冷漠了。有一位政戰系統的將領曾對我吹噓：「我每次選舉的估票準確無比，誤差從不超過千分之一！」我請教他有何祕訣，他說：「很簡單，我打幾通電話給我的人脈，預估的票加起來再打八折就可以了！」在過去，這是可能的。既然婚姻終身大事都可以由父兄「安排」，選舉時的投票當然更可以預先估算。

反過來說，以今天的社會的自主性，父母不知道兒女每天幾點回家睡覺，老闆不知道員工何時會辭職不幹，超級市場每一個產品都有多種廠牌可以選擇，我們很難相信有任何工具可以「預估」選民的投票行為。

也就是說，在「一黨領政」式的民主已經式微的今天，政黨相互競爭，選民可以自由選擇，他們才是最後的裁判者，他們的支持與否才是政黨生存的關鍵。政黨如果沒有把「了解選民的需求」列為經營的重點，僅僅是原地踏步的強化既有的人脈，選舉時依賴這些人脈去「預估」得票率，這個政黨的衰敗是必然的。

諾貝爾經濟獎大師費曼指出：歷史潮流中最偉大的力量是「市場」。即使政府以高壓或命令為手段企圖控制市場，如果沒有市場的「自願合作」，任何產品都不可能為多數人所接受。事實上，我們可以把現代民主社會的選舉看成為市場機能，「民意」就是市場，也是最偉大的力量；任何政黨所推出的候選人，如果沒有多數民意的「自願合作」（投票支持），他就不可能當選。

也就是說，選舉就是行銷，政黨就是廠商，候選人就是產品，黨工就是推銷員，選民就是市場。以這個角度來看，廠商在推出產品之前，如果不先做市場調查，不研究產品的品質，冒然以經營者的好惡推出產品，甚至推出一些「過時」的產品，這時推銷員可要吃盡苦頭了，雖然鞠躬盡瘁，市場根本不會接受。

拿出志氣逆轉勝

提名之前，黨部因爲害怕我「缺乏整合能力」而猶豫不決；在競選期間，黨部眼見我「缺乏整合能力」感到憂心忡忡，中常委邱創煥先生甚至建議改提名他人；競選之後的檢討中，黨部更是把李錫錕「缺乏整合能力」列爲落選的罪魁禍首。

我還記得黨內提名通過後，輔選的團隊一開始就給予我當頭棒喝，選舉總幹事第一次和我碰面時，他就開宗明義的說：「錫錕兄，我研究你很久，我發現你一點優點都沒有。」然後開始從我的外表、衣著、髮型大肆批評。

我心裡不由得髒話四起，一個沒有優點的人，你提名他做什麼。但競選團隊和我強調，選舉不是政治理論，需要經驗和技術，要我務必跟著他們的規畫走。於是在選戰中，我就像是第一次演電影便挑大梁的演員，什麼都聽導演的，後來才知道選舉就和談戀愛一樣，很多人談一百次戀愛也一樣失敗，有些人明明也沒有經驗，談一次戀愛就順利結婚生子、白頭到老，其實原理也都一樣，只是當時不知道而已。

在黨部的操作方式，和我個人現實條件不相符的情況下，其實不算太意外的輸了那場選戰，現在想起來，無論輸贏，我都應該用自己的方式去選，就像談戀愛一樣，你選的是對方，而不是對方的家長。選票是蓋在我的頭上，不是政黨上，「人」才是最重要的。

從前我研究政治，我們探討的都是現象，但在那次選舉之後，我發現世界上並沒有所謂客觀的現象，十個人就是十個獨立的個體，每個人都是平等的，所有他人的建議和說法，你都必須站在主觀的觀點，選擇相信或是懷疑，才不會人家說什麼你就去做什麼，看別人的臉色行事。

身而爲人，永遠都要掌控自己的命運，任何外在的建議只是參考而已。如同物品，我給了你，你可以用，也可以不用，甚至丟進垃圾桶去，當你覺得有更好的，也可以換一個用，這次選舉給我最大的領悟是，原來人無論何時都要「做自己」。輸了，很好。因爲我終於知道「做自己」的重要了。

由於「整合能力」成爲提名的重心考慮，民國八十二年蔡勝邦之所以能夠脫穎而出被提名，極可能因爲他被認爲具有強大的整合能力，再加上強大的財力爲後盾，是「光復」李主席家鄉的不二人選。蔡勝邦落選了，留下許多問題有待解答。

我們可以說，蔡勝邦的落選，不能怪罪黨工不賣力，也不能怪罪派系不配合，更不能怪罪蔡勝邦本人條件不佳。我個人認爲，最重要的關鍵是國民黨在提名候選人時，顯然忽略「市場」的偉大力量。在罔顧市場需求的前提下，冒然推出自以爲是的產品，結果，產品的品質也許不錯，卻因市場的多數顧客口味不合，銷售的結果當然失敗！

總而言之，國民黨由於不夠重視「市場結構」的中產階級「大票倉」，反而把能夠「整合」的鐵票當成候選人的「基本票」，一切以「能整合鐵票」作爲提名的標準。最後，被提名的候選人固然讓鐵票「欣然接受」，卻被多數的中產階級以「口味不合」拒絕了。

面對「一黨領政」情境的變化，國民黨的提名策略出現了徬徨與矛盾，決策階層常常在理想的呼喚和現實的壓力之下無法找到平衡點。七十八年與八十二年的臺北縣長提名就是典型的例子。

最諷刺的是：民國七十八年的國民黨當局對「市場競爭能力」未必有清楚概念。我被提名的原因可以說是「純屬意外」，因為國民黨眞正屬意的人不想參選，我成為最佳「備胎」；由於沒有從「選民結構」的角度去考慮提名人選，黨中央當時並沒有想到去「凸顯」我的「中產階級」背景，我唯一被「承認」的優點是我的「博士」學歷而已。

民國八十二年四月，國民黨突然宣布為了尊重民意，決定以「民意調查為依據」來提名臺北縣長候選人。我並沒有全然「迷信」民意調查的準確性，但是很高興國民黨終於能夠走出傳統的「詭異」提名方式，願意從「市場」的觀點來「推銷」產品，這種理念是令人鼓舞的。

我於是欣然前往臺北縣黨部登記「受測」。國民黨委託了中華民國民意測驗協會調查所有登記者的受支持度，且為了客觀公正，黨部特別准許登記人參觀民調的進行。調查結果，在登記受測的十位候選人中，我以第一名領先，其次爲林志嘉、孫勝治、蔡勝邦（三位均爲立法委員）。幾天後，黨部聲明：「民意調查領先不一定就獲得提名，仍須參酌地方政情定奪。」一個月後，國民黨中央正式提名蔡勝邦，「民意調查」的鬧劇終告落幕。

很多人好奇：李登輝前主席肯定「民之所欲，長在我心」的重要性，國民黨也堂而皇之的舉辦民意調查，爲何又要「參酌地方政情」？爲何「地方政情」與「民意」相矛盾時，國民黨最後寧可捨棄民意而牽就「地方政情」？最簡單的答案是：「理想的呼喚」屈服於「現實的壓力」，國民黨的「結構」無法及時適應到解嚴後的「市場」。

什麼是「地方政情」？一言以蔽之，就是國民黨爲了了解候選人的當選能力，對「地方人士」所作的候選人「行情」的調查；其實，就是了解候選人整合「黨組織的選票」與「地方派系的樁腳票」的能力，是國民黨當時提名過程最重要的依據。

所謂「黨組織的鐵票」，在歐美社會稱爲「政黨通知票」，是一種「看黨不看人」的投票態度。換言之，不管黨提名什麼人，只要是黨組織交代的就支持，臺語稱爲「死忠票」。所謂「地方派系的樁腳票」，指居住在選區時間很久的地方人士，由於擁有財富或人脈，在當地享有一種操縱投票的能力，類似早期美國社會的地方「角頭」。

每個角頭能夠操縱的票不等，有五十票，甚至五百票，他能夠把這種票源當成與候選人討價還價的籌碼，以交換某種「恩惠」，例如金錢、地方建設等。由於地緣的關係，樁腳成爲地方領袖人物網羅的當然對象；透過樁腳的支持，地方領袖可以輕易成爲候選人並且順利當選，久而久之，這種結合逐漸成爲「派系」。可以理解的是，這種互動關係是一種「利益交換」，一旦利益減少或消失，樁腳的忠誠也隨之動搖或變節。

由於歷史淵源，國民黨組織（除了代表軍眷的黃復興黨部與少數特種黨部自主性較強）一向與地方派系密切合作，各地區的黨務負責人（即地方區黨部常委）通常都是由派系領袖或親信兼任。由於這些地方派系人物身兼「黨組織」與「樁腳」的領袖，到了選舉，我們可以發揮雙重的力量，這就是所謂的「整合能力」。在解嚴之前，選民較冷漠與馴服，地方派系挾其「整合能力」，可以說是呼風喚雨地支配著國民黨地方選舉的過程，從提名、競選到選後的問政，派系都扮演著「看不見的手」的主導角色。

習慣成自然，國民黨長期依賴地方派系領袖的「整合能力」而贏得選舉，也塑造了「整合能力萬靈丹」的提名理念。只要談到提名，黨部第一個反應就是「他有沒有整合能力？」其結果也，除非你是派系的領袖或他的子弟，或是派系的親信，否則黨部幾乎不會考慮提名他，因爲誰有整合能力呢？從這個角度看，提名蔡勝邦是正常現象，提名李錫錕才是純屬意外呢。

站在黨派的概念來看選舉是如此，那麼身爲選民，又眞的有什麼選擇空間嗎？所謂社會就像一個往外擴散的同心圓，我們人在圓心，對於環繞自己的圓周，也就是整個大環境，當然會關心。可是我們眞正能做的，還是要回到原先踏出第一步的地方，無論分析選舉或講大道理，都對事情沒有幫助。我們踏出去的第一步，是先顧好自己。

很多人覺得選舉選來選去，不過就是從一堆爛蘋果中選一顆不那麼爛的，如果我們要求每一顆都得是好蘋果，然後再從中選出一個最好的蘋果，其實太過苛求。沒有一個蘋果經得起放大檢視。身爲選民，我們現在應該想的是，自己和周圍的人比起來，是否就是那顆爛蘋果？

如果比起周圍的人，自己是顆好蘋果，那就可以進入下一層的檢驗，跟更好的人再比一比，接著，也許我們就會開始發現事情不太妙。雖然我們知道候選人有問題，但候選人爲什麼有問題並不是關鍵，因爲選民本身就有問題。一堆爛蘋果去選爛蘋果，當然得不到好結果。

所以，無論環境再差，還是要忍氣吞聲先問自己：「今天開始，我要做什麼？要如何變成更強的自己？」我覺得這最實在。

Power錕的人生究極主張

關於・政治

Passion : Ability to suffer.

忍耐痛苦的能力就是「魅力」。

後現代的價值觀不是比物質的價值或財富，

而是比「魅力」來感動人。

人要相信的不是神，而是神「力」！

創造自己的「力量」才可靠。

二部曲

重拾Power的Q&A

很多人都害怕失敗、怕辛苦，不過活著本來就很辛苦，命運很公平，要吃苦才有資格獲得Power。天下沒有不付代價的Power。

要如何找回失去的Power，針對這點，或許，我們可以試著從政治學上獲得解答。

Q1

關於歷史的教訓

老師常常說沒有知識，還談什麼尊嚴，人要從歷中學到教訓。身在臺灣這個島國，我們面對自己為時不長的歷史，應該要學習什麼？

A1．流亡政權的Powerless

在思考個人命運時，我們同時要考慮國家的未來命運，除了讓自己變強，也需要有檢視大環境的能力，而要了解這些，我們可以從歷史中找尋答案，一個流亡政權如何從失去到獲得執政的Power，可以從民國三十六年做爲分界。

美國一位副總統韓福瑞（Hubert H. Humphrey, 1964-1968）曾說

過，政治人物都有一種權力的幻覺，以爲他們有能力改變歷史；事實上，他們如同坐在一艘順著河流的小船航行，他們發現河的兩岸風景一直在變化，然後很得意的說：「看！我改變了這些風景！」

民國三十六年算是國民政府在中國統治結束的關鍵年，同年也可以算是中國國民黨以及中華民國政府認眞在臺灣建立權力的開始。因爲，民國三十六年以後，蔣介石才眞正考慮在臺建立復興基地；而影響臺灣政治發展的最重要變數之一也發生在民國三十六年——二二八事件。

對日抗戰結束後，國民政府的經營重點當然放在中國，當時似乎也沒有時間去檢討民心的向背問題，一切政治問題的解決以軍事爲優先考慮，先打共產黨再說！由於忙著「勘亂」，臺灣並不是被優先關心的地方。日本投降後，國民政府必須接收臺灣，那麼就「就近」派員接收吧！於是在「就近」的福建的陳儀將軍乃奉命帶著一支疲憊的部隊來臺灣，代表「政府」接收臺灣，讓臺灣正式重返祖國懷抱。

臺灣海峽兩岸的政治互動中斷了五十年，從民國三十四年以後，中國歷史的發展過程展開了奇特的另一階段。

許多老一輩的臺灣民眾依稀記得當時：在中國大陸的祖國政府人員預備從基隆登陸的消息傳開後，確實在臺北地區引起一陣騷動，許多年輕學生乘坐火車（甚至有人步行）到基隆碼頭，手持小面青天白日國旗，預備一睹國軍的「丰采」，頗類似一九四四年八月巴黎市民迎接英美聯軍的盛況。

只是，當大批國軍拖著疲倦的身體，帶著奇特的裝備（米、鍋子、雨傘、棉被等），歪歪斜斜的從「暈船」中踏上臺灣的土地，迎接的群眾嚇呆了。他們即刻將祖國的部隊和日本皇軍作比較，祖國的「形象」開始受到質疑，而國民黨政府自此開始承擔歷史性的苦果。

事實上，陳儀的部隊不能代表國軍，陳儀更不代表國軍的將領。相反的，美國軍校畢業的孫立人還能夠在緬甸戰役贏得中外欽佩，可惜臺灣人民的第一印象卻不是孫立人等，而是象徵傳統中國政治文化的腐敗，從不知國家忠誠爲何物的舊式軍人與舊式官僚。可以說，二二八的心結早就開始了。

同時，由於大陸局勢逐漸對國民黨不利，南京政府顯然開始考慮「萬一」要撤退臺灣的可能性，由於深受傳統中國政治文化的薰陶，當時國民黨的領袖們似乎認爲軍民衝突或省籍情結乃是「正常現象」，因爲抗戰期間在四川省也經常發生，見怪不怪。他們沒想到的是：臺灣人民雖然在日常生活中仍然保持中國習俗，但是經過五十年嚴謹的日本武士道精神的意識形態影響，對於傳統中國政治文化的某些價值觀早有相當修改，甚至排斥。且由於日本蓄意「併吞」臺灣，刻意要建立完美的帝國形象，一向對派駐臺灣的軍政人員的要求極爲嚴苛，「愛民」也許未必，「勤政」卻不容置疑。

臺灣人民一方面恐懼於日本帝國主義的專制高壓，一方面卻感受到清廉政府的威信，這種清廉形象是自從清朝統治臺灣之後臺灣人民所無法想像的。事實是：日據時代，日本在臺灣的警察力量很少超過二千人，固然當時的群眾溫馴無知，日本政府在臺灣人民心目中所建立的公權力之威信可見一斑。

對比之下，一九四五年的臺灣人民對於「祖國」官員與軍隊的印象是很困惑、很不能接受的。我們很難再回頭評估臺灣光復前後時期，大陸和臺灣的政治文化是否有差距，不過合理的判斷是：由於日本政府統治臺灣和國民政府（以及軍閥政權）統治大陸，兩者被認定的形象不同，臺灣人和二百萬撤退來臺的大陸人對「權力腐敗的寬容程度」極可能也是不一樣的。

彭明敏教授在他的回憶錄《自由的滋味》中也承認：對日抗戰勝利後，他也是懷著興奮的心情期盼「祖國」對臺灣的光復，只不過他所目睹的國民政府官員的行爲令他的幻想破滅。有趣的「假設」是，如果他當時見到的是紀律嚴明、秋毫無犯的南京政府部隊以及清廉有效率的接收官員，他此後的政治理念是否會與今天不同？

但不幸的事實是：太多太多的臺灣人民也感受到彭明敏的失望，

政治動亂的「根」並不是一朝一夕就會形成的。

稍有政治修養的人都會同意：個人是大時代環境的產物，所謂「英雄創造時代」，只不過是大環境提供了最適當的條件，英雄躬逢其盛罷了，加上本人的優越品質，終於有機會成爲時代的主角之一。一個政權的興衰和個人的成敗類似，至少受到二個因素所影響：一是社會環境，二是領導菁英對他所處的生態環境之了解與應變。

國民政府從南京撤退到臺北，面臨不同的生存條件，這是當時國民黨菁英在心理上所不曾準備的：

第一、不到十年之內，國民政府的統治架構兩度「移植」於「陌生」的環境。抗戰時期，政府從南京攜帶大量的黨政人員進入四川，引起四川人民的反彈，尤其是四川傳統社會結構裡的權貴分子，如地主、軍閥等，更是極力排斥。事實上，自從民國初年以來，國民政府未曾有效統治四川，四川人民對於突如其來的「下江人」的疑慮也是可以理解的。幸好，在抗日救國的民族主義旗幟下，國民政府得以在重慶運作，但是四川人民的心結未必化解，國民黨的領袖們對四川人民似乎也不曾「安心」過。民國三十八年以後，國民政府的黨政軍人員再度進入臺灣，而臺灣早在清朝末年以後即脫離中國政府的統治，兩岸之間在心態上的陌生或敏感，如同久別的夫妻兄弟，是可以理解的。

第二、臺灣人民受到日本殖民地政府刻意統治了五十年，習慣清廉嚴謹的公權力，這點可能是國民政府人員到臺灣時想像不到的。基於日本政府留給臺灣人民「文官不愛錢、武官不怕死」的形象，許多臺灣人民仍然對日本政府相當肯定。

第三、國民黨領導者未能及早了解臺灣的重要性，草率指派「非主流」的舊式軍人與舊式官僚來接收臺灣，使期望過高的臺灣人民「第一印象」大壞，形成了國民黨日後很難扭轉的「刻板印象」之一。

第四、國民黨政府長期反共鬥爭的「失敗經驗」以及遭遇大陸人民背棄的「挫折感」，可能形成某些「情結」，到臺灣以後仍然揮之不去，甚至變本加厲，如對臺灣人民忠誠度的疑慮，以及過度恐共而不敢加速民主化的改革等

第五、「二二八事件」的後遺症。人天生是有記憶力的動物，「記憶」幫助他們吸收環境資訊，以便累積、轉換成爲生存策略。尤其某個特殊的、重大的環境刺激，常常形成無法消除的記憶，使這個記憶成爲「參考架構」，當下次再度發生相同或類似的環境刺激，他會「參考」那次回憶，不知不覺以那次回憶做爲行動的依據。

東山再起的Power

「先天不足」唯有靠「後天補強」，如何補強？有賴於領導菁英分子對於大環境的認識與具體的反應措施。

民國三十九年的一次中國國民黨中央改選委員會議中，蔣介石痛

切指示：「幹部要從頭做起、經營臺灣，否則的話『退後一步，即無死所』。」國民黨領袖們能夠在臺灣創造經濟奇蹟，有其背景，正是因爲他們深刻認識到臺灣已經是最後的立足點，這種置之死地而後生的反應措施，奠定了之後國民黨執政的基礎。

但是他們在很多方面的「反應」仍嫌遲鈍，以致隨著歲月的累積，國民黨的權力結構雖然有所補強，但只能補強到維持現狀而不能改善體質；當時時勢潮流產生較大的變化，被統治者的覺醒程度加速提高，「先天不足」惡化成爲「歷史包袱」，國民黨要「維持現狀」都感到力不從心。

國民黨至少有兩件事是當時可以做的：

一是「二二八事件」的療傷止痛問題，也就是所謂的轉型正義。「二二八事件」的責任應由陳儀將軍負責，既然陳儀已經被定罪槍決，政府大可以公開道歉並說明，並且大大方方的將整個事列入教育文獻，讓全島居民了解與警惕；但國民黨領袖不務此也，神祕的掩蓋眞相，終於有一天讓許多受難者群起而攻。

我記得國中時（約民國五十年左右），有一次在公車上與一位外省公務員聊天，我請教他（並且以相當大音量）：「先生，二二八事變是什麼？」想不到那位先生一時大驚失色，先環顧四周乘客有否注意他，然後小聲告訴我：「小弟，你要找死啊，千萬不要談這個問題！」二二八問題被列爲禁忌，實在是國民黨的決策失誤。

第二個例子也很嚴重，那就是省籍融合問題。有一位空軍朋友告訴我爲何早期空軍之中，人人的國語都「刻意」帶有四川腔調，連臺灣籍的飛行員也滿嘴「川味」，成爲中華民國空軍的特殊「文化」。

原因很簡單：「抗戰時期的空軍基地在四川，雖然天上開飛機的不一定是四川人，地面修飛機、看飛機的卻都是四川人，不學四川話和他們打成一片，說不定叫你飛得上去，飛不下來！」軍中常是語言或習慣的大熔爐；四十年來，臺灣社會的安定和諧，國軍內部官兵的互動以及許多本省、外省籍的通婚貢獻極大。比較遺憾的是，由於政府大力推行國語，外省籍的領導菁英以及他們的子弟卻忽略了學習「在地的」語言，諸如閩南語、客家語、原住民語等。

語言是人與人溝通的橋梁，一切誤解與仇恨均可能透過這個橋梁減低或消除，而感情與友誼更因這個橋梁建立並增進。就我記憶所及，不但第一代外省籍的領導階層沒有嘗試學習臺灣語言（至少比較情有可原），既使第二代的「世家」子弟也少有學習者。

可以說是長期以來，國民黨執政所產生的「權力症候群」造成的現象，即是，有權力者不想去「屈就」，無權力者不敢去「要求」，最後「很自然的」外省人不會講本省語言，本省人也不苛求外省人。

這個狀況一直到自由選舉出現，民眾有權利「選擇」他們喜歡的領袖，於是在「各類」候選人中，如果其他資格條件都類似，其中不能用日常語言溝通者自然就比較吃虧，而後的潰敗更是可以想見的。

Q2 關於財團和金權政治的身世

近年來大家對「財團」「派系」產生反感，在臺灣，「地方派系」與「財團」已經形成了某種程度的「複合體」，他們極大程度上承襲了傳統半封建地主的權力，他們的影響力更是穿透中央政府各單位，那麼地方派系的權力是怎麼產生，又該如何打破呢？

A2. 地方派系和財團的Powerless

要了解臺灣的政治，必須了解「地方派系」以及它和「財團」的關係。客觀的說，「地方派系」不是被創造出來的政治組織，它是特殊生態環境下逐漸演進出來的特殊的權力形態。我們可以從三方面來探討：

一、地方派系的根源首先要從「大環境」的觀點，即從傳統的中國農業社會談起。中國古代政府的活動範圍最初限於亞洲大陸中部、黃河流域上游一帶，所以自稱爲「中國」。由於匈奴南侵以及人口膨脹，秦漢朝以後逐漸往南方移動，「中國」實際上轉變爲以長江流域爲主的「南國」。由於南部中國的地形複雜，交通不便，使政府行政權的效力越來越差，形成政府對民間「鞭長莫及」，民間對政府「山高皇帝遠」的隔離狀態。

這種狀態使中國傳統政治呈現一個特性：一方面，中央政府（即朝廷）表面上擁有廣大的版圖，但其象徵意義大於實質意義；另一方面，全中國實際上是由無數個自治區式的「縣」所構成，縣令雖然由中央派任，原則上中央並不太干涉地方的事務。

在這種「半封建社會體系」之中，「地方」固然不容易造反，囂張跋扈是綽綽有餘。因爲「中央」實際上管不到地方，代表中央的縣令與本地又毫無淵源，通常只是帶著中央的一紙任官令、家眷及幾個貼身幕僚上任而已。既然政治、經濟資源完全控制在地方大地主、員外的手裡，在中央也默許這種勢力的情況下，縣令不但沒有「革新」地方政治的意願，反而很識趣的去「結合」地方的既得利益，以免引起地方「反彈」。我們甚至可以說，中國數千年來的政治穩定，根本上是建立在這種「地主官僚共犯結構」的基礎上的。

中央政府容忍地方勢力的「自主性」，然後利用地方勢力彼此之間的矛盾而坐收漁翁之利，成爲地位優越的協調者，這種現象成爲傳統中國（包括臺灣）政治社會結構的特性。

對日本殖民地政府而言，「占領」臺灣的目標是成功了。其實，日本人並沒有贏，因爲臺灣社會的基層結構照舊，眞正的贏家反而是傳統的地方菁英分子，因爲日本人不但沒有迫害他們，反而更要籠絡他們。

二、臺灣地方派系的特點，幾千年來的土地改革一直是歷代統治者的頭痛問題。國民黨政府土地改革成功，改變了地方生態，也造就了不同的派系結構。

國民黨的土地改革成功，從政治學觀點，有幾個原因值得探討：

首先是「既得利益」問題。我們檢討歷代政府土地改革失敗的原因，發現最嚴重的就是統治者本身多屬既得利益者的大地主，若期望大地主革自己土地的命，這是不太可能的。

再者是「統治權力效力」問題。日本政府對臺灣的統治效力遠超過歷代中或政權對中國大陸的情況，因爲臺灣面積非常狹小，交通尚稱方便。日本政府對傳統地主階級的容忍是基於「以華制華」的政治考慮，光復後，臺灣的統治機器是「中華民國政府」，數量龐大的黨政軍幹，挾這種絕對優勢進行土地改革，傳統的地主階級豈能不乖乖就範？

最後是「美國的經濟援助」。韓戰爆發後，美國政府把中華民國列入「圍堵共產主義」聖戰的要角，對臺灣內政上慷慨援助，外交上鼎力支持，使政府的公權力形象如日中天，讓傳統的地方勢力不得不戒愼恐懼。

所以臺灣光復後的「地方派系」領袖和傳統的「員外階級」並不完全相同。土地改革成功後的臺灣，新興田僑的財富固然來自土地，但不是從地上產品獲利，而是當「都市化」以後，土地成爲商業資本，再利用商業資本炒作土地，成爲擁有更多的商業資本，循環不已，終於成爲「財團」與「金權」。

換句話說，臺灣的「地方派系」來自於經營房地產業成功的地方人士，這些地方人士不像農業社會的地主，而是較像工業社會的資本家，資本家的資本依賴市場，市場講求供需，更講求安定，在累積資本、創造利潤的同時，他們必然關心政治，進而參與政治，以保障或促進他們的利益，「地方派系」的財富規模越來越大，所以進軍政壇的層級也越來越高。

臺灣光復以後，土地改革成功，使「官僚地主共犯結構」瓦解，新興地主對政府效忠，中央政府的權力達到歷史性高峰。可惜的是，國民黨菁英雖然推動土地改革成功，但沒有更進一步去「收成」成功的果實。這也導致地方政治的「權力眞空」，「有心人」在這種特殊生態下得到機會建立權力，成爲臺灣政治的重要角色，許多人稱他們爲「地方派系」。

總而言之，現代臺灣社會的「地方派系」可說是傳統封建地主概念的延伸，但已經脫離了封建的色彩。「地方派系」之所以成長壯大，基本上並不是執政黨的「栽培」或「容忍」，而是「遺忘」的結果。

三、地方派系和財團的共生關係。當代經濟大師、中央研究院院士費景漢教授在檢討臺灣經濟發展成功的原因時，曾在中山學術會議論文中提出，臺灣的經濟奇蹟不應該過度歸功於三民主義倡導者的規畫，而應歸功於他們的「忽略」，換言之，是「無心插柳柳成蔭」的結果。

費教授坦白指出：「我想臺灣過去三十年的成功，主要的原因是『官方陣營』在執行發展政策時的『言行不一致』，可能無心的採納了自由市場經濟，而充分的利用了私人企業家的創造精力和天才。」

諸多現象可以肯定費教授的敏銳觀察。其中現象之一就是，當我們把「耕者有其田」政策之後的新興地主歸納爲「資本家」，把他們的房地產投資歸類爲自由市場的經濟活動，我們似乎可以做結論：「地方派系」從一個被忽略的鄉土自然領袖，升格爲十億百億資產的財團，中央政府根本沒有料想到會有此發展，更談不上去應付處理。

當「地方派系」變質爲財團，在商言商，他們難免把選舉也當成是一種商業行爲，講究「供需」問題與「投資報酬率」，其他都是次要考慮。

一位派系大老曾訴我：「賄選之所以存在，是因爲很多選民期待我們花錢，不是我們願意花錢，我們之間是一個願打一個願挨，銀貨兩訖！」

針對「不買票，不賄選」的呼籲，他哈哈大笑：「假如我們不買票就不會參選啦！」這樣地方派系和金權政治的結合，顯然跟不上時代的潮流，但是否有解決之道呢？

個人商品力的Power

要打破地方派系和財團的勢力，並不是一個簡單的「是否」問題，背後需要政府的決策、選民的覺醒、政黨政治的成熟、地方派系成員素質的轉換等多種條件的配合，並且可能還要加一點「時間」的醞釀。畢竟，「地方派系」有其歷史傳統淵源，有其特殊發展空間，它也是自由經濟體制下的副產品。

可以肯定的是，當有一天，任何具有派系色彩的候選人，不論他花多少錢賄選，最後篤定落選，那麼我們可以說，地方派系問題就不存在了。

用最簡單的說法就是：今天的政黨最重要的任務就是贏得選舉，選舉輸了，執政地位喪失，任何偉大的理想與政見都付諸空談。

爲了贏得選舉，所以政黨都必須「正確」執行兩項策略：

一是提名策略；二是競選策略。

所謂「提名策略」，也雖然類比爲「如何推出正確產品」的策略。

什麼是「正確」？凡是針對市場需求而具有「市場競爭力」的產品就可以被稱爲「正確」的產品。它不但要品質良好，更能要滿足顧客的需求。例如，針對兒童或青少年的市場，漢堡比牛肉麵吃香，漢堡就是「正確的產品」；又例如，針對年輕少女的市場，昂貴的珍珠就不是「正確的產品」。

可見對「市場結構的了解」成爲產品行銷的關鍵。也就是說，政黨首先要了解選民結構，區分選民結構，然後根據結構，把各類選民基本的共同利益定位出來。一旦把選民的利益按結構定位，政黨就要尋找並提名候選人，這些候選人則必須充分「反映」選民的利益，他們才有被選民接受的可能性。

因此，政黨提名行政首長必須注意兩點：

第一、被提名的候選人先要能夠反映「最大多數的」選民利益，例如農業社會最大多數是農民，工業社會最大多數是中產階級，那麼這位「農民背景」或「中產背景」的候選人才能擁有最基本的「市場競爭力」。

第二、由於行政首長必須「全方位」吸收選票，所以當他擁有「基本的」票源之後，政黨的「鐵票」成爲他關鍵性的支援部隊，達到「錦上添花」或「雪中送炭」的效果，前者使他「壓倒性勝利」，後者使他「險勝」。

用歐美社會爲例，它們以工商業立國，中產階級成爲最大多數的選民，所以幾乎「任何」政黨所提名的行政首長候選人，不論是總統候選人或地方市長候選人，都是以中產階級爲優先考慮。在臺灣特殊社會環境，在我看來，一個贏家必須具備三種「本錢」，他才有可能擁有市場競爭力，進而擁有市場占有率。

我試著把這三種本錢稱爲「3S」，分別是「資源」「策略」「實力」，依其不同性質說明如下：

商品化的人格資源：贏家必須具備頂尖的個人條件如知識、勇氣、能力、忠誠等。但是人格資源必須有效的包裝、塑造，將其視爲「商品」而廣告，使這些個人條件被投射而成爲「形象」。

共享化的財富資源：民主政治幾乎與自由經濟可以畫上等號，兩者存在的一天，擁有財富資源的人就可能成爲贏家。因此，如果競爭者的財富被認爲是可以「共享的」，他的財富反而成爲競爭致勝的利器。

其次談到「策略」。競選贏家和商界贏家的成功策略是一樣的，就是能夠針對市場的需求，推銷正確的產品。他必須把選民結構類比爲市場結構，根據結構的特性，尋找「對症下藥」的策略。

當前社會呈現中產階級的特色，傳統的「忠」與針對勞工的「爽」的訴求勢將效力大減；贏家將不會依賴「個人關係」與「情緒因素」爲策略，而是走「理性」的路線，選舉人都擁有完整的個人商品力，就有機會從地方派系和金權政治中脫身。

Q3

關於階級的產生和打破階級

國家的義務是領導人民，可是好像要付出的只有平民，年輕人22K、過勞死，還是被叫草莓族；有錢人有權有勢、有綠卡，小孩還吃胖胖，順理成章不用當兵，這樣的社會結構有可能改變嗎？

A3．階級抬頭的Powerless

社會學家很重視「意識」與「生產關係」的互動。事實上，心理學者早就肯定：個人的環境必然影響他的價值觀，相同的環境當然可能塑造類似的價值觀。一群人既然處於同質性極高的工作環境、同一水平的所得與地位逐漸形成某種集體性的情感與認知，我們便可稱之爲「階級意識」。

美國汽車業鉅子艾柯卡承認：「當我年輕時，我很貧窮，我加入了民主黨；現在我很富裕，所以我加入了共和黨。」可以理解的是，民主黨的理念同情窮人，當年艾柯卡的「階級意識」使他自然傾向民主黨；共和黨是有錢人的政黨，發財後的艾柯卡的「階級意識」變了，他認爲共和黨比較「對味」。

「上層階級」掌握可觀的既得利益，「中產階級」憑專業知識或技能賺取固定的收入，「勞工階級」依賴勞力謀生，他們的「階級意識」的不同可以理解，而中層階級的興起，某種程度造就了現在民主政治的新風貌，讓傳統的政治版塊形成改變的動力，要掌握這股變動中的Power，不可不了解「上層階級」「中產階級」與「勞工階級」不同的特質與利益。

它們的階級形成過程一方面是相輔相成的，一方面也是相互矛盾的。一方面，如果沒有廉價的勞工，臺灣不可能創造經濟奇蹟；如果沒有經濟奇蹟，臺灣也不可能出現中產階級；如果沒有經濟奇蹟，勞工與中產階級所得不增加，當然也不會出現「財團與地方派系複合體」。

另一方面，經濟奇蹟的後遺症之一是貧富差距拉大，貧者未必更貧，富者卻是更富，富者的生活品質令貧者望塵莫及；但是貧富之間的差距常常不僅是物質上的，更嚴重的是感覺上的。

尤其是夾在貧富之間的中產階級，他們的意識更是充滿「愛恨交加」的情緒。他們的「根」很多來自勞工階級，或者至少是同情勞工階級的。但是他們的生活方式早已脫離勞工階級，而是「嚮往」與「模仿」上層階級的。由於基本上，上層階級的生活方式，對他們可望而不可及，中產階級常常惱羞成怒，轉而成爲對上層階級的仇視與詛咒。

「機會均等」尤其是中產階級高度關切的問題。中產階級既然是靠自己努力爭取或善用機會獲得成就的族群，他們的基本心態是傾向

「輕視」不努力、不善用機會的懶人，「仇視」擁有機會的既得利益者，同時也「同情」努力但是卻被剝奪機會的弱者。

在「全民覺醒」後，多數民眾越來越關心自己切身利害的問題，他們拒絕受到父母、長官、政黨同志的「倫理綁架」，而是自己扮演更積極、直接參與的角色。而階級也成爲社會衝突中的重要議題

理性選民的Power

事實上，階級意識的出現代表一種人心的覺醒，階級利益的爭取也可以視爲民主政治保障個人權益的具體行動，這都是進步的象徵。

當每一個階級「覺悟」到，雖然他們的利益很重要，而且常常和其他階級的利益是矛盾的與衝突的。他們同時將會了解，彼此都是同一個「大環境」的一部分，他們也具有「共同利益」。

可見，階級意識的出現與凸顯，反而是民主社會建立「共識」的

第一步。階級意識的出現代表一種人心的覺醒，階級利益的爭取也可以視爲民主政治保障個人權益的具體行動，這都是進步的象徵。

中國傳統農業社會的哲學是：「日出而作，日落而息，帝力於我何有哉！」這句話道盡了個人對「參與」政治的無奈與冷淡。在當時，除了政府官員與主地階級爲了維護既得利益必須關心政治，以維持會上的「秩序」與經濟上的「產量」，一般農工群眾僅是安分守己的貢獻「勞力」而已。

在科技落後、人口眾多的社會，「勞力」在生產過程上因爲是過剩的，所以是「可以取代的」，是不值錢的。不但農工群眾被認爲是不值錢的，更嚴重的是，他們也自卑的認爲自己是不值錢的，當然也不敢奢望參與政治，來改善自己的「命運」。進一步說，就算有人「覺醒」而企圖去改變現狀，這些人必然是少數，很容易被統治者視爲「造反」而慘遭壓制。事實上是，在中國傳統社會，除非遇到大規模的天災或戰亂，農工階級爭取政治權利的行動是不可能成功的。

反過來說，一旦工商業發達，產業結構改變，中產階級在生產過程上能夠貢獻的是「專業知識與技能」，且是不容易取代的能力，是很有價值的。當中產階級有能力了解自己的價值，也有資訊去了解他所生存的大環境，他的「意識」也就覺醒了。在政治上，「意識」是一種個人對自己利益的認知，認知的程度越強，越能夠以積極而實際的行動去追求利益，也就是說，越傾向積極參與政治。

「積極參與政治」的形式有很多種，最起碼的是熱心聽政見發表、助選、投票，或者是參與利益團體或社團以影響政府政策，擴大自己的人脈，最高層次的參與則是自己成為公職選舉的候選人。

如今年輕人的劣勢是對政治冷淡，因為覺得政治骯髒無解，所以選擇忽視自己的命運，選舉放假一天，乾脆就郊遊去了，然後選出來的人讓他們永遠沉淪，國民所得永遠一樣低。

但這些不能怪年輕人，社會並沒有給予他們夢想的權力，長輩互鬥，政府在以身做壞則，但幸好我們身在民主時代，當領導人不能給你夢想，你可以透過選票把他轟下台。柏拉圖有句名言：「放棄參與政治的人，到最後的懲罰就是讓壞人來統治他。」

人要認識自己的命運，主宰自己的命運，在有機會可以主宰的時候，千萬不要放棄，譬如說投票，當你擁有投票權，那就是你的Power，千萬要審慎選擇，一個政府應該要給年輕人夢，給中年人保障，給老年人回憶。一個統治者如果做不到這些，就應該要下台。而一人一票的選票，就是改變命運的方式之一。

Eurasian Publishing Group 圓神出版事業機構 用心與你對話・視野無限寬廣 圓神出版社 Eurasian Press
www.booklife.com.tw reader@mail.eurasian.com.tw
圓神文叢 219

Power錕是這樣煉成的：

奮鬥才得自由，殘酷才是青春，我的人生思索

作　　者／李錫錕
發 行 人／簡志忠
出 版 者／圓神出版社有限公司
地　　址／台北市南京東路四段50號6樓之1
電　　話／（02）2579-6600・2579-8800・2570-3939
傳　　真／（02）2579-0338・2577-3220・2570-3636
總 編 輯／陳秋月
主　　編／吳靜怡
專案企畫／賴真真
責任編輯／鍾宜君
校　　對／鍾宜君・賴逸娟
美術編輯／林韋伶
行銷企畫／陳姵蒨・詹怡慧・張鳳儀
印務統籌／劉鳳剛・高榮祥
監　　印／高榮祥
排　　版／莊寶鈴
經 銷 商／叩應股份有限公司
郵撥帳號／ 18707239
法律顧問／圓神出版事業機構法律顧問　蕭雄淋律師
印　　刷／祥峯印刷廠
2017年8月　初版
2017年11月　11刷

定價 240 元　ISBN 978-986-133-625-1

人的生命像一條拉不斷的橡皮筋，非常有韌性，在面對挫敗時，要時時時刻刻記得，千萬要抓住自己的主體性，再去面對客體，你就會發現隨著自己Power的增長，你會對失敗產生不同的詮釋。

——《Power錕是這樣煉成的》

國家圖書館出版品預行編目資料

Power 錕是這樣煉成的：奮鬥才得自由，殘酷才是青春，我的人生思索 / 李錫錕著. -- 初版. -- 臺北市：圓神, 2017.08
176 面；14.8×20.8公分 --（圓神文叢；219）

ISBN 978-986-133-625-1（平裝）
1. 李錫錕 2.臺灣傳記
783.3886 106010222